GÜNTHER ROSSMANITH

Rechtsgefühl und Entscheidungsfindung
Hermann Isay (1873-1938)

Schriften zur Rechtsgeschichte

Heft 10

Rechtsgefühl und Entscheidungsfindung Hermann Isay (1873 – 1938)

Von

Dr. Günther Roßmanith

DUNCKER & HUMBLOT / BERLIN

Gedruckt mit Unterstützung der Deutschen Forschungsgemeinschaft

Alle Rechte vorbehalten
© 1975 Duncker & Humblot, Berlin 41
Gedruckt 1975 bei Berliner Buchdruckerei Union GmbH., Berlin 61
Printed in Germany
ISBN 3 428 03473 2

D 30

Meinen Eltern

Inhaltsverzeichnis

Erster Teil
Zur Person Hermann Isays 11

1. Lebenslauf 11
2. Allgemeine Charakteristik 18

Zweiter Teil
Zum Werk Hermann Isays 20

Erster Abschnitt: Frühe Schriften (vor dem I. Weltkrieg) 20

1. Untersuchungen zur Dogmatik des Zivilrechts 20
2. Rechtsgeschäft und wirtschaftliche Machtverschiedenheit 21
3. Frühe Bemerkungen zur Methode der Rechtsfindung 24

Zweiter Abschnitt: Wirtschaftsrechtliche Arbeiten 26

1. Patentrecht 26
2. Rechts- und wirtschaftspolitische Vorträge 32
3. Wettbewerbsrecht 38
4. Zusammenfassung 42

Dritter Abschnitt: Rechtstheorie und Methodologie 43

I. Staats- und gesellschaftstheoretische Grundlagen 44

1. Rechtsgemeinschaft und Staat 44
2. Staat und Individuum 45
3. Recht und Staat 46
4. Der Rechtsstaat 47
5. Recht und Völkergemeinschaft 48
6. Zusammenfassung 49

II. Die Rechtsgefühlstheorie 52

1. Vorbemerkung 52
2. Methodologische Voraussetzungen 52
3. Recht, Rechtsnorm, Entscheidung 55
4. Das Rechtsgefühl 58
5. Das Nützlichkeitsgefühl 65
6. Der Richterstand 65
7. Das richterliche Prüfungsrecht 67
8. Zusammenfassung 70

III. Theorie der Entscheidungsfindung 74
   1. Kritik der juristischen Methodenlehre 74
   2. Entstehung der Entscheidung 78
   3. Die Bedeutung der Rechtsnormen für die Entscheidung 84
   4. Die Technik der Rechtsprechung 87
   5. Kritik der Interessenjurisprudenz (IJP) 91
   6. Zusammenfassung 92

IV. Wirkung 94
   1. Zeitgenössische Rezensionen zu ‚Rechtsnorm und Entscheidung' .. 94
   2. Die Kontroverse mit Philipp Heck 97
   3. Kritik in nationalsozialistischer Zeit 102
   4. Aufnahme und Kritik seit dem Zweiten Weltkrieg 107
   5. Zusammenfassung 117

V. Zur historischen Einordnung 118

Bibliographie Hermann Isay 126

I. Schriften Hermann Isays 126
II. Rezensionen zu Werken Hermann Isays 136

Literaturverzeichnis 142

Abkürzungen

Abt.	=	Abteilung
AcP	=	Archiv für die zivilistische Praxis
ARSP	=	Archiv für Rechts- und Sozialphilosophie
Art.	=	Artikel
Bd.	=	Band
BGB	=	Bürgerliches Gesetzbuch
BGH	=	Bundesgerichtshof
D.	=	Digesten
DJZ	=	Deutsche Juristen-Zeitung
DRiZ	=	Deutsche Richterzeitung
EG	=	Einführungsgesetz
Gruchots Beiträge	=	Beiträge zur Erläuterung des deutschen Rechts, begründet von Gruchot
GRUR	=	Gewerblicher Rechtsschutz und Urheberrecht
GVG	=	Gerichtsverfassungsgesetz
Hrsg.	=	Herausgeber
Jg.	=	Jahrgang
Jherings Jahrbücher	=	Jherings Jahrbücher für die Dogmatik des bürgerlichen Rechts
JW	=	Juristische Wochenschrift
JZ	=	Juristenzeitung
KJ	=	Kritische Justiz
KO	=	Konkursordnung
LZ	=	Leipziger Zeitschrift für Deutsches Recht
Mitt.	=	Mitteilungen vom Verband Deutscher Patentanwälte
MuW	=	Markenschutz und Wettbewerb
RGZ	=	Entscheidungen des Reichsgerichts in Zivilsachen
RV	=	Reichsverfassung
StPO	=	Strafprozeßordnung
UWG	=	Gesetz gegen den unlauteren Wettbewerb
VVDStL	=	Veröffentlichungen der Vereinigung der Deutschen Staatsrechtslehrer
ZGB	=	Schweizerisches Zivilgesetzbuch
ZHR	=	Zeitschrift für das gesamte Handelsrecht und Konkursrecht
ZPO	=	Zivilprozeßordnung
ZZP	=	Zeitschrift für Zivilprozeß

Erster Teil

Zur Person Hermann Isays

1. Lebenslauf

Material für einen Lebenslauf Hermann Isays ist nur noch in verhältnismäßig geringem Umfang vorhanden.

Arbeitsunterlagen und Briefe Hermann Isays existieren nicht mehr, da sowohl sein Büro als auch seine Privatwohnung in Berlin durch Bombenangriffe und die Eroberung der Stadt im April 1945 schwer in Mitleidenschaft gezogen wurde[1]. Auch die Unterlagen des Verlages, bei dem er veröffentlichte, gingen in den Kriegswirren verloren[2].

Sein Sohn, Prof. Wolfgang-Hermann Isay, war beim Tod seines Vaters erst zehn Jahre alt und sah sich deshalb nicht in der Lage, Näheres zum Leben seines Vaters mitzuteilen. Seine beiden engsten Mitarbeiter, sein Bruder Rudolf und Eduard Reimer, verstarben bereits in den 50er Jahren.

So muß sich diese Schilderung des Lebens Hermann Isays vornehmlich auf das noch vorhandene einschlägige Aktenmaterial und die Lebenserinnerungen seines Bruders Rudolf Isay stützen[3,4].

[1] Auskunft seines Sohnes Prof. Wolfgang-Hermann Isay.

[2] Auskunft des Verlags Franz Vahlen, Berlin.

[3] Beim Deutschen Zentralarchiv, Merseburg, DDR, konnten im dort verwahrten Bestand „Ministerium für Wissenschaft, Kunst und Volksbildung" in den Akten über Angelegenheiten der Technischen Hochschule in Berlin in einigen Akten Dokumente von bzw. über Hermann Isay ermittelt werden. Es handelt sich um die Akten:
a) Die ordentlichen und außerordentlichen Professoren der Abt. VII der Technischen Hochschule Berlin (Rep. 76 V b Sekt. 4 Tit. III Nr. 10, Bd. 12 1917 bis 1927).
b) Die Privatdozenten in der VII. Abt. der Technischen Hochschule Berlin (Rep. 76 Vb Sekt. 4 Tit. III Nr. 37, 1919 - 1925).
c) Die ordentlichen und außerordentlichen Honorarprofessoren der VII. Abt. der TH. Berlin (Rep. 76 Vb Sekt. 4 Tit. III Nr. 35, 1919 - 1925).
Das Deutsche Zentralarchiv versorgte mich dankenswerterweise mit Ablichtungen dieser Dokumente.
Akten über die Promotion Hermann Isays sind noch bei der juristischen Fakultät der Universität Erlangen vorhanden. Diesen Akten ist ein Lebenslauf entnommen, den die Fakultät mir freundlicherweise in Fotokopie zur Verfügung stellte.
Andere einschlägige Akten und Dokumente konnten bei meinen Recherchen nicht entdeckt werden.

Einen ersten Überblick vermittelt ein von Hermann Isay selbst verfaßter Lebenslauf, den er anläßlich seiner Habilitation im Jahre 1919 vorlegte:

„Ich bin am 7. 9. 73 in Berlin als Sohn des Kaufmanns Adolf Isay und seiner Ehefrau Jenny geb. Michaels geboren, evangelischer Religion.

Meine Eltern zogen im J. 1877 nach Trier, wo ich das humanistische Gymnasium besuchte. Ostern 1891 bestand ich die Reifeprüfung. Ich trat zunächst als Bergbaubeflissener in den Staatsdienst, ging aber Ostern 1892 zum Studium der Rechtswissenschaften über, besuchte die Universitäten Straßburg, Berlin und Bonn und bestand im Sommer 1895 das Referendarexamen.

Im Oktober 1895 promovierte ich in Erlangen auf Grund einer Dissertation über den Concursus duarum causarum lucrativarum. Meine praktische Ausbildung erhielt ich an den Gerichten in Merzig, Trier und Köln. 1896/97 genügte ich meiner Dienstpflicht bei dem Inf. Reg. No. 69 in Trier. Im Januar 1901 bestand ich das Assessor-Examen und wurde im Februar 1901 als Rechtsanwalt bei dem Kammergericht zugelassen, wo ich seitdem tätig bin[5]."

Hermann Isays Familie, die einige Generationen zuvor aus Frankreich eingewandert war, gehörte dem Bürgertum an[6]. Sein Vater war nach dem Bericht Rudolf Isays ein Mann von hoher Bildung, der sich zur geistigen Welt Goethes und Spinozas hingezogen fühlte. In seiner Jugend hatte der Vater eine fast abgeschlossene Ausbildung in jüdischer Theologie erhalten. Er beobachtete die religiösen Riten des Judentums, später allerdings nur noch, wie er seinen Kindern eingestand, um kein Ärgernis zu geben[7].

In der nahen Verwandtschaft Hermann Isays gab es bereits eine Reihe namhafter Wissenschaftler. Sein Vetter Jaques Loeb war um die Jahrhundertwende ein Physiologe von Weltruf, dessen Bruder Leo war Professor für innere Medizin. Ein anderer Vetter, Ernst Bresslau, amtierte als Zoologieprofessor in Amerika, der Onkel Harry Bresslau lehrte an der Universität Straßburg Geschichte[8].

---

[4] *Rudolf Isay*, Aus meinem Leben, Weinheim 1960. — In bezug auf Hermann Isay sind diese Lebenserinnerungen leider nicht allzu ergiebig.

[5] Es folgt eine Liste der Veröffentlichungen. Dieser undatierte Lebenslauf ist enthalten in den Akten des Ministeriums für Wissenschaft, Kunst und Volksbildung über die Technische Hochschule in Berlin, Akte: Die ordentlichen und außerordentlichen Professoren der Abteilung VII der Technischen Hochschule Berlin (Rep. 76 Vb Sekt. 4 Titel III Nr. 10, Bd. 12 1917 - 1925).

[6] *Ballerstedt*, Rudolf Isay, Bonn 1957, S. 8.

[7] *Rudolf Isay*, Aus meinem Leben, S. 16.

[8] Ebd., S. 15.

Später würden sein Bruder Rudolf als Wirtschaftsrechtler und der Vetter Ernst Isay als Völkerrechtler bekannt werden.

Zusammen mit den Brüdern Oskar, Richard und Rudolf wuchs Hermann Isay in Trier auf. Die Familie verfügte über kein großes Vermögen, war aber wohlhabend genug, allen Söhnen ein Studium zu ermöglichen.

Nach der Reifeprüfung im Jahr 1891 wandte sich Hermann Isay zunächst dem Bergbau zu, um aber schon ein Jahr später zum Studium der Rechtswissenschaft überzugehen. Über das Studium gibt der 1895 zur Promotion vorgelegte Lebenslauf Auskunft:

„(Ich) hörte (in Straßburg) im 1. Semester:

Institutionen von Prof. Koeppen, deutsche Rechtsgeschichte von Prof. Sickel, Logik von Prof. Ziegler, über den Sozialismus von Prof. Knapp.

Im 2. Semester hörte ich dort:

Pandekten von Prof. Koeppen, Röm. Rechtsgeschichte von Prof. Bremer, Praktische Nationalökonomie von Prof. Knapp, Statistik von Dr. v. Mayr, Geschichte des späten Mittelalters von Prof. Bresslau.

Im 3. Semester stand:

deutsches Privatrecht und Staatsrecht von Prof. Laband, Strafrecht von Prof. v. Hippel, Erbrecht von Prof. Koeppen, Finanzwirtschaft von Dr. v. Mayr, außerdem machte ich die seminaristischen Übungen im staatswissenschaftlichen Seminar der Herren Profs. Knapp und Sartorius v. Waltershausen mit.

Im 4. Semester bezog ich die Universität Berlin und hörte dort:

Civil- und Strafprozeß von Prof. Ruto, Handelsrecht von Prof. Brunner, Völkerrecht von Prof. Hübler, theoretische Nationalökonomie von Prof. Wagner, Wechselrecht von Prof. Weter, Konkursrecht von Prof. Kohler, Röm. Civilprozeß von Dr. v. Kaufmann.

Im 5. Semester hörte ich dort:

Rechtsphilosophie von Prof. Berner, Kirchenrecht von Prof. Hübler, Versicherungsrecht von Prof. Weber, Handelsgeschichte von Prof. Weber Außerdem machte ich die Praktika im gemeinen Civilrecht bei Herrn Dr. Oertmann und im Handelsrecht bei Herrn Prof. Weber mit.

Im 6. Semester siedelte ich nach Bonn über, wo ich Verwaltungsrecht bei Dr. Sartorius, das Pandektenpraktikum des Herrn Prof. Zitelmann und das Pandekten-Exegetikum bei Herrn Prof. Baron hörte. Außerdem beteiligte ich mich an den Übungen des römischrechtlichen Seminars von Herrn Prof. Zitelmann und des deutschrechtlichen Seminars von Herrn Prof. Hübner[9]."

Auffällig ist, in welch großem Umfang Isay die Wirtschaftswissenschaften in seinem Studium berücksichtigt.

Noch im selben Jahr, in dem Isay sein Referendarexamen erfolgreich absolvierte, 1895, promovierte er in Erlangen. Seine Dissertation behandelt den Concursus Duarum Causarum Lucrativarum, ein Thema, das ihm in Bonn im romanistischen Seminar von Zitelmann gestellt worden war.

In der folgenden Zeit veröffentlicht Isay zunächst einige kleinere Aufsätze zu rechtshistorischen (romanistischen wie germanistischen) Themen. Um die Jahrhundertwende widmet er sich dann dogmatischen Problemen des neuen BGB. Mit seinen Monographien zur Willenserklärung und zur Geschäftsführung nach dem BGB findet er erstmals größere Beachtung und Anerkennung.

Anfang des Jahres 1901, sofort nach dem Assessorexamen, ließ Isay sich als Rechtsanwalt am Kammergericht in Berlin nieder. Dort war er bis an sein Lebensende tätig.

Der Eintritt in die praktische juristische Arbeit unterbrach die schriftstellerische Tätigkeit Isays keineswegs.

Erwähnenswert ist Isays 1902 gehaltener Vortrag „Rechtsgeschäft und wirtschaftliche Machtverschiedenheit", in dem er für einen verstärkten Schutz der Interessen der Arbeiter und für die Gewährleistung der Koalitionsfreiheit eintritt, für Forderungen also, die zu dieser Zeit weithin als revolutionär empfunden wurden.

1903 erscheint sein Kommentar zum Patent- und Gebrauchsmustergesetz. Hermann Isay wird nun allgemein als Spezialist des Patentrechts bekannt. Die Beschäftigung mit dem gewerblichen Rechtsschutz stand von da an im Mittelpunkt seines Schaffens. Neben der Arbeit an den weiteren Auflagen des Patentrechtskommentars (2. Aufl. 1911; 6. Aufl. 1932) veröffentlichte er eine Reihe von Monographien und eine wachsende Anzahl von Aufsätzen auf wirtschaftsrechtlichem Gebiet. Sein Ruf als bedeutender Wirtschaftsrechtler ist bereits vor dem Ersten Weltkrieg fest begründet.

Speziell zu rechtstheoretischen Themen äußert sich Isay in dieser Zeit kaum. Nur in seiner „Einführung in das bürgerliche Recht für Techniker" (1912/17) geht er auch auf methodologische Fragen ein und gibt seine Sympathie für die Auffassung der Freirechtsbewegung zu erkennen. Hermann Isays Einstellung zum Glasperlenspiel der pandek-

---

[9] Promotionsakten Hermann Isay, Universität Erlangen, Jur. Fakultät.

tischen und begriffsjuristischen Methode beleuchtet eine Anekdote, die von seinem Bruder Rudolf überliefert wird:

Rudolf Isay promovierte 1908 in Bonn, ebenfalls bei Zitelmann, über das Problem, wem der Entschädigungsanspruch zustehe, wenn eine Sache beschädigt ist.

Er fand in den Pandekten eine Stelle, die einige Verwandtschaft mit seinem Thema aufwies[10]. Sie behandelte den Fall, daß jemand einen fremden Sklaven kastriert und dadurch wertvoller macht. Die eindringliche Erörterung dieser „wichtigen" Pandektenstelle bildete das Glanzstück seiner Dissertation, und er bestand das Doktorexamen magna cum laude. Über die Reaktion seines Bruders Hermann berichtet er:

„Als kalte Dusche wirkte ein wütender Brief meines Bruders Hermann, dem ich voll Stolz mein Geisteskind zugeschickt hatte. Empört fragte er mich, wer in aller Welt mich denn auf der Universität solche Haarspaltereien gelehrt habe. Die ganze juristische Fakultät komme ihm nach dieser Erfahrung vor wie mein kastrierter Sklave. Nur sei sie durch die Prozedur nicht wertvoller geworden[11]."

Bei Ausbruch des I. Weltkrieges ist Hermann Isay bereits über vierzig Jahre alt. Er ist ein international anerkannter Wirtschaftsrechtler, dessen Wort in Wissenschaft und Praxis Gewicht hat. Seine Anwaltspraxis, in die er 1910 seinen Bruder als Sozius aufgenommen hatte, war bedeutend. Während des Krieges übte Isay neben seiner Anwaltstätigkeit eine Funktion im Kriegsministerium als Hilfsreferent aus.

Im Krieg verlor Isay einen seiner Brüder, die sich alle freiwillig gemeldet hatten. War Isay auch durchaus deutscher Patriot, so verfiel er doch nicht nationalistischer Verblendung. Seine Einstellung war eher pazifistisch, große Hoffnung setzte er nach dem Krieg in eine friedliche Völkerverständigung, insbesondere auf dem Weg einer internationalen Rechtsprechung bei Konflikten zwischen den Völkern. Für Ausbruch und Verlust des Krieges machte er vielmehr in gewissem Umfang die selbstverschuldete Isolation des Deutschen Reiches verantwortlich. Der „Dolchstoßlegende" schenkte er keinen Glauben. So wenig Isay sich auch mit der Demokratie der Weimarer Republik anfreundete, die Revolution von 1918 betrachtete er niemals wie ihre reaktionären Gegner als ein verwerfliches Unrecht, sondern sah in ihr eine notwendige Folge des verlorenen Krieges[12].

---

[10] D. 21,1,38,7.

[11] *Rudolf Isay*, Aus meinem Leben, S. 27.

[12] Vgl. insbesondere den Vortrag „Die Isolierung des deutschen Rechtsdenkens" (1924), dazu unten 3. Abschnitt I.

Nach dem Krieg, im Jahr 1919, habilitiert sich Isay mit dem Buch „Das juristische Denken und seine Bedeutung für die Erziehung des Technikers" und wird Privatdozent an der Fakultät für Allgemeine Wissenschaften der Technischen Hochschule Berlin. Er hält die Vorlesungen „Einführung in das bürgerliche Recht" und „Patent-, Muster- und Warenzeichenrecht"[13].

Die Arbeit am Patentrechtskommentar und in der Anwaltspraxis veranlaßt ihn allerdings, sich mehrfach beurlauben zu lassen, so für das Sommersemester 1919, das Wintersemester 1920 und das Sommersemester 1925. Zum nichtbeamteten außerordentlichen Professor wird Isay 1925 ernannt[14].

Aus dem familiären Bereich bleibt zu berichten, daß 1928 aus Hermann Isays Ehe mit Lily Isay geb. vom Baur der Sohn Wolfgang-Hermann hervorgeht.

Gemeinsam mit seinem Bruder Rudolf schreibt Isay 1919 und 1920 einen Kommentar zum preußischen allgemeinen Berggesetz, den später Rudolf Isay allein weiterbearbeitet. Mit der Schrift „Private Rechte und Interessen im Friedensvertrag" (1919) erfüllte Isay, wie allein die rasche Folge der weiteren Auflage zeigt — 3. Auflage 1923 —, in gelungener Weise ein dringendes Bedürfnis der Praxis nach einer Bewältigung der juristischen Probleme des Versailler Vertrages. Daneben veröffentlicht er weiterhin eine Vielzahl von Aufsätzen. Allein in „Gewerblicher Rechtsschutz und Urheberrecht" (GRUR), der von ihm zeitweise redigierten Zeitschrift des Deutschen Vereins für den Schutz des gewerblichen Eigentums, zu dessen geschäftsführenden Vorstand er seit Anfang der zwanziger Jahre gehörte, erschienen jährlich in der Regel vier bis fünf seiner Aufsätze. Neben wirtschaftsrechtliche Themen treten nun verstärkt Abhandlungen zu Fragen des internationalen Rechts und des Völkerrechts. Gegen Ende der zwanziger Jahre wendet er sich auch dem Wettbewerbsrecht zu.

Das Werk, durch das Isay in erster Linie bis in die Gegenwart bekannt geblieben ist, „Rechtsnorm und Entscheidung" (1929), schrieb Isay erst im Alter von weit über fünfzig Jahren, als sein Ansehen im In- und Ausland durch seine anderen Schriften längst gefestigt war. Mit diesem Buch wollte Isay die rechtsphilosophischen und rechtstheoretischen Ausgangspunkte seines Schaffens darlegen[15]. Schon das Renommee des Autors verschaffte diesem Werk eine überaus starke Beachtung[16].

---

[13] Oben Anm. 3 unter a.
[14] Vgl. oben Anm. 3 unter b und c.
[15] Vgl. die Einleitung zur 5. Aufl. des Patentrechtskommentars.
[16] Dazu unten 3. Abschnitt.

Isay ging nun noch in einigen weiteren Aufsätzen auf rechtstheoretische Probleme ein. Seine scharfe Kritik an der Interessenjurisprudenz führte zu einer heftigen Kontroverse mit Ph. Heck.

Die nationalsozialistische Machtergreifung hatte für Isay wegen seiner jüdischen Abstammung schwerwiegende persönliche Auswirkungen.

Schon 1933 wurde Isay das Notariat entzogen, 1934 verlor er die Professur an der Technischen Hochschule[17].

Zur staatlich verordneten Diskriminierung kam sehr schnell die Isolierung durch die Berufskollegen hinzu. Im Mai 1933 verläßt Isay — wohl auf entsprechenden Druck hin — mit einigen anderen Kollegen den Vorstand des Deutschen Vereins für den Schutz des gewerblichen Eigentums, dem er seit Anfang der zwanziger Jahre angehörte. Der Rücktritt Isays wird in der Vereinszeitschrift „Gewerblicher Rechtsschutz und Urheberrecht" ohne die sonst übliche Würdigung der Verdienste bekanntgegeben, der Grund wird nicht genannt[18]. Von da an erscheinen in dieser Zeitschrift keine weiteren Aufsätze Isays. Entgegen der sonstigen Übung nimmt die Vereinszeitschrift keinerlei Notiz vom 60. Geburtstag Isays im September 1933. Auch in keinem anderen juristischen Fachblatt erscheint irgendein Hinweis auf das Jubiläum. Zwar wurde Isay eine Festschrift zum 60. Geburtstag gewidmet — als solche nur durch eine kurze Widmung im Inneren erkennbar — aber über die Hälfte der Beiträge stammt aus dem Ausland, nur einer von einem deutschen Hochschullehrer[19].

Auch dies zeugt nicht allein vom internationalen Ansehen Isays, sondern ebenfalls von dem auffälligen Wandel der Einstellung seiner Berufskollegen. War Isay noch kurze Zeit vorher ein anerkannter und hochgeachteter Jurist, dessen Verdienste in den Rezensionen seiner Werke immer wieder unterstrichen wurden, so wird er mit der nationalsozialistischen Machtergreifung von seinen Kollegen nicht mehr wie einer der ihren behandelt, praktisch aus dem Kreis der Juristen und Wissenschaftler ausgeschlossen[20]. Mangelnde Zivilcourage erscheint nicht als die richtige Bezeichnung für dieses Verhalten, das ja ohne größeren Druck sofort nach der Machtergreifung einsetzete.Es zeigt viel-

---

[17] *Göppinger*, Verfolgung, S. 96, 100.
[18] Vereinsnachrichten, GRUR 1933, S. 482.
[19] *Mintz* (Hrsg.), Beiträge zum Recht am gewerblichen und geistigen Eigentum, Berlin 1933.
[20] Selbstverständlich gab es auch hier Ausnahmen. Insbesondere der Sozius Hermann Isays, Eduard Reimer, mußte wegen seiner loyalen Haltung gegenüber Isay 1935 einen scharfen Tadel von nationalsozialistischer Seite hinnehmen. Vgl. *Göppinger*, Verfolgung, S. 77.

mehr die Beflissenheit der zeitgenössischen Juristen gegenüber den neuen Herren.

Isay arbeitete unter diesen Bedingungen weiter und konnte bisweilen in verschiedenen Zeitschriften noch Aufsätze erscheinen lassen und veröffentlichte bei Schweizer Verlagen noch einige Schriften. Hermann Isay war schon zu alt, um wie sein Bruder Rudolf nach Erlaß der Nürnberger Gesetze zu emigrieren und sich im Ausland eine neue Existenz aufzubauen.

Seit 1937 war er schwer leidend, hielt aber mit seiner Energie an der Arbeit fest[21].

Am 21. März 1938 starb Hermann Isay.

Ein Nachruf auf diesen bedeutenden Juristen erschien erst zu seinem 10. Todestag[22].

2. Allgemeine Charakteristik

Vielleicht am auffälligsten an der Person Hermann Isays ist seine schier unerschöpfliche Schaffenskraft.

Er bewältigte die Arbeit in einer umfänglichen Anwaltspraxis, hielt Vorlesungen an der Technischen Hochschule, bearbeitete zwei umfangreiche Kommentare, veröffentlichte über 150 Aufsätze und verfaßte eine Anzahl größerer Monographien. Daneben hielt er eine Reihe von Vorträgen und wurde vielfach als Sachverständiger vor ausländischen Gerichten und Schiedsgerichten herangezogen. Dabei beschränkte sich Isay in seinem Schaffen nicht allein auf sein Spezialgebiet, das Patentrecht. Das Spektrum seiner juristischen Veröffentlichungen reicht von der Rechtsphilosophie und der Methodologie über das bürgerliche Recht, das gesamte Wirtschaftsrecht bis zum Internationalen Privatrecht und Völkerrecht. Auf allen diesen Gebieten zeigt er fundierte Kenntnisse, seine Schriften sind immer von einiger Bedeutung für das betreffende Rechtsgebiet. Isay erweist sich als Kenner der verschiedensten Strömungen abendländischer Philosophie (mit Ausnahme des Marxismus) bis hin zu den zeitgenössischen Richtungen, dem Neukantianismus und der Phänomenologie.

Als Wirtschaftsrechtler ist ihm offensichtlich selbstverständlich, sich mit den Erkenntnissen der Soziologie und der Wirtschaftswissenschaften auseinanderzusetzen. So fordert der hochspezialisierte Patentrechtler immer wieder, daß die Beschäftigung mit Philosophie, Rechtsgeschichte

---

[21] *Ed. Reimer*, GRUR 1948, S. 59.
[22] Von *Eduard Reimer*, in: GRUR 1948, S. 59.

und den Wirtschaftswissenschaften Grundlage jeder juristischen Tätigkeit sein müsse[23].

Isays Schriften lassen auf einen scharfsinnig analysierenden Verstand schließen. Mit Erfolg bemüht er sich darum, auch die schwierigsten Probleme in einer klaren verständlichen Sprache präzise darzustellen. Sein größter Vorwurf gegen die Rechtsphilosophie seiner Zeit war, daß sie nicht in der Lage sei oder sich nicht darum bemühe, sich klar und einfach auszudrücken[24].

Hermann Isays Darlegungen sind immer von großem Ernst, manchmal von Pathos getragen. Ironie oder ein Anflug von Humor findet man in seinen Schriften so gut wie nie. Einen Standpunkt, den Isay als falsch erkannt hat, kritisiert er stets scharf und konzessionslos.

Seine Kritiken sind oft vernichtend und wirken schroff und unerbittlich; dem Zug der Zeit zur Polemik folgt er aber nie.

Sein ehemaliger Sozius, Eduard Reimer, schreibt im Nachruf über Hermann Isay:

„Als Mensch mag Hermann Isay dem einen oder anderen schroff und unzugänglich erschienen sein. Wer ihn genau kannte, merkte von Schroffheit und Unzulänglichkeit nichts. Allerdings war Isay kein Freund vieler Worte, und so lag die außerordentliche Belehrung, die er den engsten Mitarbeitern wie den Fernstehenden erteilte, nicht nur in der Unterweisung durch seine Schriften, sondern vor allem in dem Beispiel des schlechthin vorbildlichen Berufslebens. Aber mehr noch: wer ihm näherstand, durfte die warmherzige Anteilnahme an den persönlichen Dingen des Lebens von seiten des fast übermäßig beschäftigten Mannes als besonders wohltuend empfinden[25]."

---

[23] Vgl. *Isay*, Die Reform des juristischen Studiums, in: LZ, S. 212 ff.
[24] *Isay*, Isolierung, S. 28.
[25] GRUR 1948, 59.

Zweiter Teil

Zum Werk Hermann Isays[1]

Erster Abschnitt

Frühe Schriften (vor dem I. Weltkrieg)

1. Untersuchungen zur Dogmatik des Zivilrechts

In seiner Dissertation „Der concursus duarum causarum lucrativarum", mit der Isay 1895 bei Zitelmann promovierte, beschäftigt er sich besonders ausführlich mit den sozialen und ökonomischen Hintergründen dieser — wie Isay selbst hervorhebt — für die Praxis völlig belanglosen Regel aus den Pandekten.

Wenn Isay zur Begründung dieses Verfahrens schreibt:

„... ein Rechtssatz entsteht nicht nach Gesetzen der logischen Entwicklung, er ist ein Niederschlag von Lebenserfahrungen, das Ergebnis von Not und von Kämpfen, und wie das Leben sich nicht an die Forderungen der Logik kehrt, so kann auch ein Rechtssatz nicht nach ihren Gesichtspunkten sich bilden und sich entwickeln"[2],

so enthält dies eine deutliche Spitze gegen den damals herrschenden rechtswissenschaftlichen Positivismus und verrät den Einfluß der Spätwerke Jherings[3].

In seinen weiteren dogmatischen Arbeiten zum neu erlassenen BGB betont Isay immer wieder diesen naturalistischen Ansatz.

---

[1] Bei Schriften Isays wird neben dem Titel bzw. einer abgekürzten Titelfassung die Nummer in der Bibliographie angegeben; Rezensionen von Werken Isays werden mit dem Namen des Rezensenten und der Nummer in der Bibliographie zitiert.

[2] *Isay*, Concursus (Nr. 1), S. 1.

[3] Vgl. *R. v. Ihering*, Geist des römischen Rechts, 3. Teil, 1. Abt., 8. Aufl. 1954, S. 321: „Das Leben ist nicht der Begriffe, sondern die Begriffe sind des Lebens wegen da. Nicht was die Logik, sondern was das Leben, der Verkehr, das Rechtsgefühl postulieren, hat zu geschehen, mag es logisch deduzierbar sein oder nicht."

Untersuchungen zur Tierhalterhaftung, der Willenserklärung, der Stellvertretung gehen stets aus von der ökonomischen Bedingtheit des Gesetzes. So schreibt Isay bei einer Untersuchung des Eigentumsbegriffs: „... denn nur die Form der Verkehrsverhältnisse, nicht aber die Form der logischen Vorstellungen bestimmt das Gesetz und kann es bestimmen[4]."

Wenn er für die Dogmatik der Willenserklärung die „Erklärungstheorie" vertritt, so leitet er dies ab aus Bedürfnissen der hochentwickelten, kapitalistischen Verkehrswirtschaft, deren Recht das BGB sei[5].

Isays Analyse des Rechts der Willenserklärung verdankt die deutsche Rechtswissenschaft übrigens auch das klassische Schulbeispiel von der „Trierer Weinversteigerung"[6], das weitaus bekannter wurde und sehr viel länger bekannt geblieben ist als die Untersuchung selbst.

Noch vor den programmatischen Schriften der Freirechtsbewegung hat sich Isay also bewußt gegen den Formalismus der Begriffsjurisprudenz gewendet und Recht als das Produkt der ökonomischen und gesellschaftlichen Verhältnisse begriffen. Diese rechtstheoretischen Überlegungen stehen freilich noch nicht im Vordergrund seiner Arbeiten. Sie kommen meist nur in beiläufigen Bemerkungen zum Vorschein, weit entfernt, zur Begründung einer neuen juristischen Methodenlehre benützt zu werden.

2. Rechtsgeschäft und wirtschaftliche Machtverschiedenheit

„Rechtsgeschäft und wirtschaftliche Machtverschiedenheit" lautet der Titel eines Vortrags Isays aus dem Jahre 1902, in dem er sich mit den durch die Privatrechtsordnung aufgeworfenen sozialen Fragen auseinandersetzt.

Isays Auffassungen sind recht erstaunlich für einen Juristen der damaligen Zeit. Sie sollen in ihren Grundzügen dargestellt werden.

---

[4] *Isay*, Die Verantwortlichkeit des Eigentümers für seine Tiere (Nr. 3), S. 210.

[5] *Isay*, Willenserklärung (Nr. 7), S. 13, 19, 23 u. ö.

[6] *Isay*, Willenserklärung (Nr. 7), S. 25. Aus seiner Trierer Heimat erzählt Isay den Fall von dem Ortsfremden, der bei einer Weinvesteigerung die Hand hebt, was als Steigerung gedeutet wird, aber als Begrüßung eines Freundes gemeint war. Zur heutigen Verwendung dieses als Juristenausbildung anscheinend unentbehrlichen Beispiels vgl. z. B.: *Staudinger-Coing*, AT, Vorbem. 3f vor § 116; *Larenz*, AT, 1967, S. 339; *Lehmann*, AT, 15. Aufl., S. 260; *Westermann*, Grundbegriffe, 4. Aufl., S. 30.

Isay erkennt, daß rechtsgeschäftliche Freiheit in der Praxis nur der wirtschaftlich Stärkere gegenüber dem Schwächeren hat. Privatautonomie, die das Grundprinzip des bürgerlichen Rechts ist, existiert in Wirklichkeit meist nicht.

An diese Feststellung knüpft Isay die Frage, ob das Recht dulden kann, „wie der Schwächere von dem Stärkeren mit Hilfe der Rechtsordnung selbst, nämlich durch das Mittel des Rechtsgeschäfts, rücksichtslos unterdrückt und ausgebeutet wird"[7].

Das bürgerliche Recht versucht nun zwar, den Schwächeren zu schützen, indem bei bestimmten Rechtsverhältnissen eine Seite — etwa der Käufer, Mieter, Dienstverpflichtete — als die typisch schwächere betrachtet und geschützt wird. Isay hält diese Art des Schutzes für falsch und unzureichend. Zum einen werden dabei auch Fälle mitumfaßt, die nicht schutzbedürftig sind. Schwerwiegender erscheint ihm aber, daß bei diesen typisierenden Schutzvorschriften nicht alle Fälle erfaßt werden, die dringend des Schutzes bedürften und dem Stärkeren die Möglichkeit gegeben ist, die Anwendung der Schutznorm durch geschickte Vertragsgestaltung zu umgehen. Isay weist hier auf die Heimarbeiter hin, die (zu dieser Zeit) keinerlei gesetzlichen Schutz für sich beanspruchen konnten. Er charakterisiert die Lage dieser „Ärmsten der Armen" recht drastisch: „Die Not dieser Zustände schreit allmählich zum Himmel: unsagbar niedrige Löhne, eine erschreckend lange Arbeitszeit, die allerdürftigste Ernährung und ein unbeschreibliches Wohnungselend[8]." Den Schutz der wirtschaftlich Schwächeren in das Ermessen des Richters zu stellen, erscheint ihm andererseits zu riskant. Er zweifelt daran, daß die Richter dann auch tatsächlich immer dem Schwächeren helfen würden[9]. Isay schlägt solche Schutznormen vor, die in ihren Tatbestand die wirtschaftliche Machtverschiedenheit als selbständiges Moment aufnehmen[10].

Weiter erörtert Isay die Rechtsfolgen von Rechtsgeschäften zwischen wirtschaftlich Starken und Schwachen. Er stellt fest, daß das Gesetz keinen Kontrahierungszwang zugunsten wirtschaftlich Schwächerer kennt. Er selbst hielte einen derartigen Abschlußzwang für denkbar, beispielsweise in Form eines „Rechts auf Arbeit"[11].

Hinsichtlich der Beendigung von Rechtsverhältnissen sieht Isay die Möglichkeit, dem wirtschaftlich Stärkeren gewisse Beschränkungen

---
[7] *Isay*, Rechtsgeschäft (Nr. 9), S. 6.
[8] Ebd., S. 13.
[9] Ebd., S. 15.
[10] Ebd., S. 17.
[11] Ebd., S. 18.

für die Auflösung von Verträgen aufzuerlegen. Bei der Beendigung von Arbeitsverhältnissen zeige sich deutlich die Ungleichheit der Vertragspartner: Die Kündigung eines Arbeitsverhältnisses bedeute für den Arbeitgeber meist lediglich eine Unbequemlichkeit, für den Arbeitnehmer dagegen sei sie in der Regel die Entziehung der Existenzgrundlage. Gesetze, die den Arbeiter vor Kündigungen schützen, hält Isay deshalb zwar für notwendig, aber ihren Erlaß unter den gegebenen Umständen für äußerst unwahrscheinlich. Auch erscheint ihm zweifelhaft, ob Gesetze allein hier helfen können[12].

Bestehen also für die Begründung und für die Beendigung von Rechtsverhältnissen keine Schutznormen, so doch hinsichtlich des Inhalts. Diese Vorschriften sind aber vielfach nachgiebiges Recht. In Formularverträgen und Arbeitsordnungen wird es sehr häufig vom Stärkeren ausgeschlossen. Auch die Umwandlung dieser Schutznormen in zwingendes Recht kann hier keine Abhilfe schaffen: „Wer auf den Verkauf seiner Arbeitskraft angewiesen ist, dem hilft es wenig, daß die Bedingungen, zu denen er sie verkauft hat, nichtig sind[13]."

An Beispielen aus der Vergangenheit zeigt Isay, daß die Arbeiter, bedingt durch ihre ökonomische Lage, schon immer gezwungen waren, auch unter ungesetzlichen Bedingungen zu arbeiten. „Einen wirksamen Schutz für den Schwächeren kann also das Gesetz bei der Gestaltung der Verhältnisse nicht bilden; vielmehr ist hier der einzige erfolgreiche Weg die Selbsthülfe im Wege der Vereinigung der Schwächeren ... die Abhülfe auf diesem Weg (hat) den großen Vorzug, daß sie die Heilung des Übels von seiner Grundlage aus anstrebt und erzielt, während das Gesetz doch nur an den äußerlichen Symptomen herum zu kurieren vermöchte, ohne eine Gesundung der Verhältnisse von innen heraus erreichen zu können[14]."

Isay fordert deshalb die Beseitigung aller Schranken und die Gewährung von Schutz für die Koalitionen der Arbeiter durch den Gesetzgeber.

„Auf diesem Wege allein ist das zu finden, was auf dem Wege der Gesetzgebung vergebens gesucht wird, und dessen endliche Erreichung das langersehnte Ziel idealistischer Schwärmer wie praktischer Sozialpolitiker ist: der soziale Friede[15]."

Mit seiner Forderung nach vollem Koalitionsrecht für die Arbeiter und der Einführung bzw. Verbesserung arbeitsrechtlicher Schutzvor-

---

[12] Ebd., S. 31 f.
[13] Ebd., S. 24.
[14] Ebd., S. 25.
[15] Ebd., S. 34.

schriften stand Isay durchaus nicht allein — er kann sich bei seiner Argumentation stets auf eine Reihe anderer Juristen und Sozialwissenschaftler berufen. Schon damals war vielen Juristen bewußt, wie wenig das Bürgerliche Recht zur Bewältigung der tatsächlichen sozialen Probleme und Konflikte taugte. Mit diesem Vortrag setzt sich Isay freilich in Widerspruch zur vorherrschenden antiproletarischen Einstellung des Bürgertums und der sich aus ihm rekrutierenden Mehrheit der Juristen.

Erweckt Isays realistische Darstellung der Lage der Arbeiter, seine Auffassung von den Möglichkeiten einer Veränderung dieser Situation auch den Eindruck eines sozialistischen Impetus — in seiner Definition des Ziels zeigt sich die Denkweise des Liberalismus: Durch Gewährung des Koalitionsrechts soll sozialer Friede erreicht werden, nicht etwa ein Werkzeug des Klassenkampfes geschützt werden. Isay will nicht die wirtschaftliche Macht einzelner beseitigt wissen, sondern lediglich durch die Zulassung der Gewerkschaften ein Gleichgewicht der Kräfte erreicht sehen.

Wenn Isay also mit seinen Forderungen letztlich keineswegs über liberale Grundsätze hinausgeht, so bleibt sein Eintreten für Interessen der Arbeiter — gerade in der damaligen Zeit — bemerkenswert.

Ein derartiges gesellschaftskritisches und sozialpolitisches Engagement wiederholt sich in seinem Werk allerdings nicht mehr. Er greift diese Fragen nie wieder auf. Man ist versucht, „Rechtsgeschäft und wirtschaftliche Machtverschiedenheit" als „Jugendsünde" zu bezeichnen.

3. Frühe Bemerkungen zur Methode der Rechtsfindung

Etwa seit 1910 — seit der Blüte der Freirechtsbewegung also — äußert sich Isay verschiedentlich zur Methode der Rechtsfindung.

Er bekennt sich zu den Auffassungen von Geny, Ehrlich, Fuchs und meint, die alte Auffassung, die Aufgabe des Richters bestehe lediglich in der Auslegung und Anwendung der Gesetze, sei nun überwunden. Der Richter selbst schaffe Recht für jeden Streitfall, wobei gelte, „daß er allerdings hierbei sich von den Regeln des Gesetzes von dem Geist der Rechtsordnung leiten läßt, daß er aber bei dieser seiner schöpferischen Tätigkeit stets das Ziel im Auge behält, den Streitfall so zu regeln, daß das Ergebnis auch seinem geschulten Rechtsgefühl entspricht"[16].

---

[16] *Isay*, Empfehlen sich Sondergerichtshöfe in Streitigkeiten auf dem Gebiet des gewerblichen Rechtsschutzes, in: GRUR 1910, S. 269 (273) (Nr. 38).

1. Abschn.: Frühe Schriften (vor dem I. Weltkrieg)

Im Vorwort zur zweiten Auflage seines Patentrechtskommentars schreibt Isay, offensichtlich mit Blick auf die Freirechtsbewegung, von der „Einleitung einer tiefgreifenden Umwälzung des Rechtslebens, die für die praktische Rechtsanwendung den Anfang einer neuen Blüte verheißt".

Praktische Auswirkung auf die rechtswissenschaftliche Arbeit Isays hat diese Sympathie für die Freirechtsbewegung nur insofern, als er nun bisweilen ganz offen einer praktisch vernünftigen Lösung den Vorrang gab, auch wenn sie gegen einen dogmatischen Grundsatz verstieß[17]. In zwei, für die Ausbildung von Technikern bestimmten Büchern über das Bürgerliche Recht[18] geht er etwas näher auf seine methodologischen Vorstellungen ein. Isay meint, daß der Richter sich auf Grund seines Rechtsgefühls schon ein Bild vom Ergebnis macht, bevor er an die Begründung seiner Entscheidung mit dem Gesetz herangeht. Das Rechtsgefühl ist für ihn bereits damals „die tiefste Grundlage der Rechtsfindung". Allerdings hat der Richter seine derart gefundene Entscheidung am Gesetz zu orientieren. Die Rechtssicherheit erfordere unbedingt, daß der Richter einer vom Gesetz vorgegebenen eindeutigen Regelung folgt. „Infolgedessen gibt es gar keinen Zweifel und kann es nach keiner Theorie einen Zweifel daran geben, daß, wenn das Gesetz eine Entscheidung gibt, der Richter gezwungen ist, möglicherweise mit blutendem Herzen, diese Entscheidung der seinigen zugrunde zu legen[19]."

Isay erweist sich bei seinen frühen methodologischen Überlegungen also als Sympathisant der Freirechtsbewegung. Er selbst greift allerdings nicht unmittelbar in den Methodenstreit ein. Es bleibt bei kurzen Bemerkungen zur Methodenfrage, die sich eng an die Aussagen der Freirechtsschule anlehnen. Wichtig ist, daß es für ihn zu dieser Zeit — vor und während des I. Weltkrieges — keinerlei Auflockerung der Bindung des Richters an das Gesetz gibt.

---

[17] Vgl. z. B. *Isay*, Patentgesetz (Nr. 13), 2. Aufl., S. 76, bezüglich analoger Auslegung von Fiktionen.

[18] Bürgerliches Recht für Techniker (1912/1917) (Nr. 54); Das juristische Denken (1919) (Nr. 82).

[19] *Isay*, Bürgerliches Recht für Techniker (Nr. 59), S. 10; die Schrift „Das juristische Denken und seine Bedeutung für die Erziehung des Technikers" (1919) (Nr. 82) enthält demgegenüber nichts Neues. Im „Reichsgericht und Rechtssicherheit" (Nr. 72) sowie in „Die Rechtssicherheit in der patentrechtlichen Rechtsprechung" (Nr. 73) fordert Isay eine Rechtssicherheit gewährleistende Rechtsprechung.

Zweiter Abschnitt

Wirtschaftsrechtliche Arbeiten

1. Patentrecht

Der Kommentar zum Patentgesetz, der 1903 in erster Auflage erschien, war Isays zentrales rechtswissenschaftliches Werk, an dem er bis zur sechsten Auflage 1932 ständig weiterarbeitete[1].

Bereits für die zweite Auflage ist der hohe wissenschaftliche Rang des Kommentars und seine Bedeutung für die patentrechtliche Praxis und Wissenschaft unbestritten. Er wurde, wie ein Rezensent schreibt, zu einem der großen Standardkommentare zum Patentrecht, ohne deren Benutzung in Deutschland kaum ein patentrechtlicher Fall gelöst wurde[2].

Neben diesem Erläuterungswerk veröffentlichte Isay eine große Anzahl von Monographien und Aufsätzen zu patentrechtlichen Fragen, die mit ihren wesentlichen Ergebnissen in den Kommentar eingingen[3].

Von Anfang an verstand Isay den Patentrechtskommentar als eine wissenschaftliche Arbeit, die mehr beanspruchte, als allein die bestehende Rechtsprechung und vorgefundene Lehrmeinungen systematisch zu sammeln und zu referieren. Seligson bestätigt ihm deshalb: „Er ist eine kritisch veranlagte Natur, kennt keinen Autoritätsglauben und sucht selbständig die Natur jedes Rechtsinstituts zu erforschen[4]." Besondere Sorgfalt wollte Isay verwenden „auf die scharfe Herausarbeitung der patentrechtlichen Begriffe juristischer Natur"[5]. Mit den Kategorien der zivilrechtlichen Dogmatik sollte das Patentrecht systematisiert werden. Er sucht stets, den Zusammenhang zwischen patentrechtlichen Institutionen und dem allgemeinen Zivilrecht darzustellen. Viel Raum nahmen tiefgehende systematische Ausführungen und scharfsinnige Begriffsanalysen ein. Daran änderte sich auch dann kaum

---

[1] *Isay*, Patentgesetz und Gesetz betreffend den Schutz von Gebrauchsmustern, Berlin 1903 (Nr. 13); die weiteren Auflagen: 2. Aufl. 1911; 3. Aufl. 1920; 4. Aufl. 1926; 5. Aufl. 1931; 6. Aufl. 1932. Im folgenden wird nur die Auflage des Kommentars und die Seitenzahl zitiert.
Die Rezensionen zu den verschiedenen Auflagen sind unter Nr. 221 - 266 in der Bibliographie aufgeführt.

[2] *Magnus* Nr. 240, S. 1517; vgl. auch die anderen Rezensionen.

[3] Hinzuweisen ist insbesondere auf: Die Gerichtsbarkeit in Patentsachen, Berlin 1908 (Nr. 29); Der Patentanspruch, Berlin 1912 (Nr. 53); Die Anordnung als Gegenstand der Erfindung, Festgabe *Kohler*, S. 87 ff. (Nr. 33).

[4] *Seligson* Nr. 236, S. 436.

[5] Vorwort zur 1. Aufl.

etwas, als Isay sich ausdrücklich zu Ansichten der Freirechtsbewegung bekannte. Nach wie vor finden sich bei Isay gewagte juristische Konstruktionen und begriffsjuristische Gedankenspielereien[6].

Freilich geht Isay mit seiner — von fast allen Rezensenten kritisierten — begrifflichen Argumentation niemals soweit, auch völlig unsachgemäße oder unpraktische Ergebnisse zu verteidigen. Vielmehr behält er stets die „Bedürfnisse der Praxis", die wünschenswerte Lösung im Auge. Seit der zweiten Auflage läßt er auch ganz ausdrücklich den „Zweck" über formallogische und dogmatische Bedenken siegen.

Grundlage der patentrechtlichen Lehre Isays ist die Auffassung, daß die Aufgabe des Patentrechts darin bestehe, dem Erfinder einen möglichst starken und umfassenden Schutz zu gewährleisten[7].

Er wendet sich scharf gegen die sogenannte „volkswirtschaftliche" Auffassung des Patentrechts, die mehr Gewicht auf die ungehinderte Entwicklung der Industrie legt und in einem starken Patentschutz oft eine Fessel für den technischen Fortschritt und dessen optimale Nutzung sieht[8]. Für Isay stehen Belohnung und Schutz der individuellen Leistung im Vordergrund. Seine Auffassung leitet er zum einen aus der geschichtlichen Entwicklung des Patentrechts ab: Das Patentrecht verdanke seine Entstehung der frühkapitalistischen Überwindung des Zunftwesens. In ihm habe der liberale Gedanke der Entfaltung der wirtschaftlichen Individualität seinen Ausdruck auf dem Gebiet der Technik gefunden[9].

Seit dem I. Weltkrieg weist Isay verstärkt auf die volkswirtschaftliche und politische Bedeutung eines wirksamen Erfinderschutzes hin: Nach seiner Auffassung muß der gewerbliche Mittelstand, die mittleren und kleinen Unternehmen, vor dem Untergang bewahrt werden. Der gewerbliche Mittelstand sei für die Konkurrenzfähigkeit Deutschlands auf dem Weltmarkt unentbehrlich. Die mittelständischen Unternehmen seien aber durch die Kapitalzusammenballung in der Großindustrie mehr und mehr in ihrer Existenzfähigkeit bedroht. Das einzige, in dem Kleinbetriebe den Großunternehmen überlegen sein könnten, seien schöpferische Leistungen auf technischem Gebiet. Sie seien in ihrer Existenz oft abhängig von einzelnen Erfindungen und deren wirksamen

---

[6] Dazu *Seligsohn* Nr. 236, S. 436; *Osterrieth* Nr. 242, S. 191; *Adler* Nr. 239, S. 492, denen Isays „theoretische Zergliederungen" bisweilen zu weitgehend erscheinen.

[7] Siehe nur die Vorworte ab der 3. Aufl.

[8] Vgl. die Polemik *Isays* gegen Pietzkers Lehre von der „urheberrechtlichen" und der „volkswirtschaftlichen" Auffassung, 6. Aufl., S. 23.

[9] 6. Aufl., S. 23.

Schutz durch Patente. „Für den Kampf des industriellen Mittelstandes um seine Existenz ist ein starker Schutz seiner schöpferischen Kraft, also ein starker Patentschutz, schlechthin notwendig, während er für die großkapitalistische Industrie nicht diese Bedeutung hat[10]."

Bei Isay tritt also zur liberalen, frühkapitalistischen Vorstellung einer freien Konkurrenzwirtschaft die an ständische Ideologien erinnernde Forderung nach Erhaltung des Mittelstandes, der sich nun durch die Monopolisierungstendenzen des Großkapitals bedroht sieht[11].

Isays liberaler, individualistischer Ansatz führt ihn aber nicht zu jener extremen Auffassung, die keinerlei soziale Bindung der Patente anerkennen will. Vielmehr schreibt er schon 1903: „Der soziale Charakter, der dem Patentrechte infolge seiner Entwicklung vom Gemeinrecht zum Sonderrecht anhaftet, fordert jedoch, daß die Macht, die es gewährt, nicht in antisozialem Geist gebraucht wird[12]."

Insgesamt aber bleibt Isays patentrechtliches Werk von dem Bestreben geleitet, zu Ergebnissen zu gelangen, welche einen wirksamen Erfinderschutz gewährleisten.

Nur einige der wichtigsten Beiträge Isays zur Dogmatik des Patentrechts können hier kurz dargestellt werden.

Am einflußreichsten war seine seit 1909 vertretene Lehre, wonach der Patentanspruch lediglich den Gegenstand der Erfindung, nicht aber bereits den Schutzumfang des Patentrechts festlegt, wie die ältere Lehre angenommen hatte[13]. Isays Unterscheidung und Gegenüberstellung von „Gegenstand der Erfindung" und „Schutzbereich des Patents" setzte sich rasch durch und gehörte über drei Jahrzehnte unter unwesentlichen Abänderungen — statt „Schutzbereich" wurde später der Ausdruck „allgemeiner Erfindungsgedanke" gebräuchlich — zu den Grundlagen des Patentrechts[14].

Diese Lehre eröffnete der Praxis die Erkenntnis, daß die Betrachtung des Erfindungsgegenstandes im Verletzungsstreit eine grundsätzlich andere ist als bei der Erteilung des Patents, und grenzte die Prüfungsaufgaben der Gerichte scharf ab von denen des Patentamtes (das lediglich den Gegenstand der Erfindung festzulegen hat).

Vor allem aber hatte diese Lehre den praktischen Effekt, einen weitergehenden Schutz der Patente zu ermöglichen. Der Verletzungs-

---

[10] 6. Aufl., S. 23; vgl. auch unten 2. Abschnitt, 2.
[11] Dazu ausführlicher unten, 2.
[12] 1. Aufl., S. 231.
[13] Ausführlich, auch zur Entwicklung der Lehre: 6. Aufl., S. 186 ff., 190 ff. Erstmals vertrat *Isay* diese Theorie in Mitt. d. VDP 1909, S. 138 (Nr. 35).
[14] Vgl. zur weiteren Entwicklung *Reimer*, GRUR 1956, S. 393 ff.

richter konnte nun nach objektiven Gesichtspunkten über den Schutzbereich entscheiden, und war im Streit über die Patentverletzung nicht mehr an eine eng begrenzte Auslegung des Wortlauts des Patentanspruchs und die Ermittlung der Vorstellung des Patentamtes von Sinn und Inhalt des Patentanspruchs gebunden.

Zunächst bedeutete die Übernahme der Auffassung Isays in Lehre und Rechtsprechung auch tatsächlich eine Erweiterung des Patentschutzes. Seit Mitte der 20er Jahre mußte Isay allerdings feststellen, daß die Rechtsprechung ohne Änderung ihrer Grundsätze — ebenfalls durch objektive Betrachtung des Patents — nunmehr effektiv eine Einschränkung des Erfinderschutzes praktizierte, eine Tendenz, die Isay heftig bekämpfte[15]. Aus dieser Richtungsänderung — hin zu einem schwächeren Patentschutz — bei Aufrechterhaltung der früheren Grundsätze und Anwendung derselben Theorie zog Isay den für seine Methodenkritik bedeutsamen Schluß, daß für die praktischen Ergebnisse, zu denen die Rechtsprechung gelangt, die im Urteil angegebenen Grundsätze und Normen nicht entscheidend sein können[16].

Isays „Zweiteilungslehre" wurde in der Rechtsprechung erst 1944 unter dem Einfluß Lindenmaiers von einer neuen Lehre abgelöst, die drei Elemente unterschied: den unmittelbaren Gegenstand der Erfindung, den Gegenstand der Erfindung und den allgemeinen Erfindungsgedanken[17]. Diese „Dreiteilungslehre" wurde dann auch vom BGH übernommen.

Auf Isay geht auch die Bezeichnung „Anordnungspatent" zurück. Elektrische Schaltungen und ähnliches konnten nach seiner Auffassung keiner der bestehenden Patentkategorien zugeordnet werden. Er schlug vor, die Schaffung einer Raumbeziehung zwischen bestimmten Körpern, die kein körperliches Ergebnis hervorbringt, als „Anordnung" zu bezeichnen und die Anordnung als eine weitere mögliche Patentkategorie anzuerkennen[18]. Zu Isays Zeit wurde diese Ansicht vielfach übernommen[19]. Der Ausdruck „Anordnungspatent" ist auch in der heutigen patentrechtlichen Literatur noch gebräuchlich, jedoch wird es allgemein nicht mehr als eine gesonderte Kategorie betrachtet, sondern unter die Sachpatente subsumiert[20].

---

[15] Vgl. nur die Vorworte zur 4. und 6. Aufl.
[16] 6. Aufl., S. 190 und Vorwort zur 5. Aufl.
[17] Dazu *Reimer*, GRUR 1956, S. 393 ff.
[18] *Isay*, Die Anordnung als Gegenstand der Erfindung, Festgabe für Kohler, S. 87 ff.; vgl. auch 6. Aufl., S. 89.
[19] Vgl. die Nachweise bei *Seligsohn*, Patentgesetz, 7. Aufl. 1932, S. 33 und *Isay*, MuW 1934, 150 (Nr. 205).
[20] Vgl. z. B. *Benkhard*, Patentgesetz, 6. Aufl., § 1 Rdn. 111.

Einigen Anteil hatte Isay an der dogmatischen Ausarbeitung der patentrechtlichen Entschädigungsansprüche.

Das Reichsgericht hatte schon seit frühester Zeit bei Patentverletzungen dem Berechtigten zugebilligt, vom Verletzer die Herausgabe seines, durch die Patentverletzung erzielten Gewinnes zu verlangen[21].

Diese Gewinnherausgabe wurde von der Rechtsprechung als eine der drei Arten der Berechnung des Schadens angesehen, gleichzeitig sprach man aber auch von „Herausgabe der Bereicherung" — was also auf die §§ 812 ff. BGB hindeutete — und daneben klang oft auch noch der Gedanke der Geschäftsführung ohne Auftrag an.

Diesem dogmatischen Wirrwarr wirkte Isay in seinem Patentrechtskommentar von Anfang an entgegen. Er wies darauf hin, daß der vom Verletzer erzielte Gewinn keinesfalls als Schaden des Berechtigten angesehen werden könne, die Gewinnherausgabe also nicht Schadensersatz sei. Eine Anwendung des Bereicherungsrechts, die er für dogmatisch vertretbar hielt, lehnte er wegen unzuträglicher praktischer Folgen ab. Isay schlug vor, die Gewinnherausgabe mit der analogen Anwendung der Vorschriften über die Geschäftsführung ohne Auftrag zu begründen. Darin sah er die einzig korrekte dogmatische Einordnung dieser allgemein als notwendig und billig anerkannten Entschädigungsart[22]. Diese — nicht allein von Isay geforderte — Begründung setzte sich in Rechtsprechung und Lehre schließlich durch und ist heute allgemein anerkannt, trotz aller Zweifel an ihrer dogmatischen Richtigkeit[23].

Wenig Anklang fand Isays Lehre vom Erfindungsbesitz[24]. Nach Isays Auffassung besteht schon vor der Patentanmeldung ein Recht an der Erfindung. Aber dieses Recht soll nicht an die Urheberschaft, sondern allein an den Tatbestand des Erfindungsbesitzes geknüpft sein. Vor Anmeldung werde in vermögensrechtlicher Hinsicht allein der Erfindungsbesitz geschützt, der sich darstelle als die tatsächliche Kenntnis der Erfindung, Besitz von Beschreibungen, Zeichnungen und sonstigen Materialien der Erfindung. Auf die Art, wie der Besitz erworben wurde, redlich oder unredlich, soll es nicht ankommen. Vor Anmeldung sei auf jeden Fall nur der Erfindungsbesitz geschützt. Auf den Erfindungsbesitz sollen mit bestimmen Einschränkungen und unter gewissen Bedingungen die Normen des Sachenrechts entsprechende Anwendung finden.

---

[21] RGZ 43, 56.
[22] Vgl. 2. Aufl., S. 424, 437 f.; 6. Aufl., S. 560, 577 f.
[23] RGZ 130, 108 (110); BGH GRUR 62, 509; *Benkard*, Patentgesetz, § 47, Rdn. 53.
[24] Vgl. 2. Aufl., S. 94 ff.; 6. Aufl., S. 121 ff.

Die Lehre vom Erfindungsbesitz diente Isay insbesondere dazu, das Problem des Rechts des Dienstherrn an der Erfindung des Angestellten zu lösen. Isay will hier § 855 BGB (Besitzdiener) entsprechend anwenden, um damit zu erklären, daß unter den in der Rechtsprechung hierzu gebildeten Bedingungen, der Dienstherr das Recht an der Erfindung — nämlich den Erfindungsbesitz — originär erwirbt[25].

Diese Lehre stieß von Anfang an auf Kritik. Isay wurde vorgeworfen, übermäßig begrifflch zu argumentieren[26]. Heute wird diese Lehre nur noch vereinzelt vertreten[27].

Diese exemplarisch herausgegriffenen Lehren verdeutlichen, welch großen Wert Isay auf die dogmatische Durchdringung und Systematisierung des Patentrechts legte, und daß er sich keineswegs von der herrschenden Auffassung rechtswissenschaftlichen Arbeitens löste.

Die Wirkung Isays ist mit diesen — seinen wohl wichtigsten — Lehren freilich keineswegs hinreichend beschrieben. Es ist aber offensichtlich, daß der Einfluß, den er auf die Patentrechtslehre insgesamt ausgeübt hat, nicht stringent nachzuweisen und nicht präzise zu quantifizieren ist. Plausibel erscheint die Annahme, daß Isay mit seinem Kommentar und seinen Abhandlungen zum Patentrecht die Patentrechtslehre seit etwa 1910 bis zum II. Weltkrieg ganz maßgeblich beeinflußt hat — stärker jedenfalls, als es sich in der Übernahme mancher seiner Theorien manifestiert. Die Stellungnahme zu neuen Lehrmeinungen und wichtigen Urteilen und deren Kommentierung in einem Standardkommentar, wie es Isays Werk war, dürfte sehr oft entscheidende Auswirkungen auf die innerjuristische Meinungsbildung und damit auf die weitere Rechtsentwicklung gehabt haben. Weiter ist die — dem Gesetz oft kaum nachstehende — Autorität eines Standardkommentars für die alltägliche Entscheidungspraxis in Rechnung zu stellen[28]. Einen außerordentlichen Einfluß räumen schließlich bereits die zeitgenössischen Rezensenten dem Kommentar Isays ein.

Eine Reihe von Änderungen des Patentgesetzes ließen Isays patentrechtliches Werk rasch veralten und in Vergessenheit geraten. Bereits 1936, mit dem Erlaß eines neuen Patentgesetzes, verlor der Kommentar (letzte Auflage 1932) an Aktualität. Neufassungen des Gesetzes folgten 1953, 1961, 1968. Allein durch diese Veränderung des Gesetzes-

---

[25] 2. Aufl., S. 98 ff.; 6. Aufl., S. 125 f.
[26] *Adler* Nr. 229, S. 495 ff.; *Endemann* Nr. 247, S. 88.
[27] Für eine noch weitergehende Anwendung des sachenrechtlichen Besitzbegriffs im Immaterialgüterrecht, unter teilweisem Rückgriff auf Isay: *Alois Troller*, Immaterialgüterrecht, Bd. I, 2. Aufl., Basel 1968, S. 84, 86.
[28] Dazu *Lautmann*, Justiz, S. 98.

materials mußte Isays Werk in der weiteren Entwicklung des Patentrechts an Bedeutung verlieren.

Der Patentrechtslehre seit dem II. Weltkrieg ist Isay denn auch nahezu unbekannt. Einzig Reimers Patentrechtskommentar — Eduard Reimer war als Anwalt Sozius Isays gewesen — erinnert in seiner ersten Auflage an Isays Verdienste und Einfluß auf diesem Gebiet[29].

Ansonsten ist Isays Patentrechtskommentar zwar traditioneller und beinahe obligatorischer Bestandteil der Literaturverzeichnisse patentrechtlichen Schrifttums — inhaltlich kommt ihm darin aber keine erkennbare Bedeutung mehr zu. So wichtig den Zeitgenossen Isays Beitrag zur Patentrechtswissenschaft auch erschien — dieser Teil seines Werks, dem er bei weitem die meiste Arbeit widmete, hat am allerwenigsten dazu beigetragen, Isay auch noch für die Gegenwart relevant erscheinen zu lassen.

2. Rechts- und wirtschaftspolitische Vorträge

Nach dem I. Weltkrieg beschäftigte sich Isay in mehreren Vorträgen mit rechts- und wirtschaftspolitischen Fragen.

Mit „Der Kampf um die wissenschaftlichen Grundlagen der Patentanwaltschaft" wendet sich Isay 1931 gegen die Forderung der nicht akademisch ausgebildeten Patentingenieure, sie den Patentanwälten gleichzustellen. Isay sieht diese Forderung als Teil eines allgemeinen „Kampfes gegen die wissenschaftliche Vorbildung". Dieser Kampf stehe unter dem Motto „Freie Bahn dem Tüchtigen" und äußere sich in der Auffassung, „daß die abgeschlossene wissenschaftliche Vorbildung nicht eine bevorzugte Behandlung auf den Gebieten staatlichen oder gesellschaftlichen Lebens genießen dürfe"[30].

Diese Strömung sei nach dem I. Weltkrieg entstanden: „... in Deutschland (machte sich) im Gefolge der Umwälzung der politischen Machtverhältnisse und in Anlehnung an das russische Vorbild eine offen zur Schau getragene Verachtung der wissenschaftlichen, der akademischen Bildung breit[31]." Interessanterweise entstammt der Slogan „Freie Bahn dem Tüchtigen" also nach Isays Auffassung nicht dem bürgerlichen Liberalismus, sondern erscheint als Auswirkung sozialistischer Ideen, hat seinen Ursprung gar in der russischen Oktoberrevolution.

---

[29] Ed. Reimer, Patentgesetz, Vorwort, S. VI.
[30] Isay, Kampf (Nr. 179), S. 6.
[31] Ebd., S. 6.

In diesem Kampf verteidigt Isay den „Stand" der wissenschaftlich ausgebildeten Patentanwälte gegen das Eindringen von Nichtakademikern. Erst die wissenschaftliche Ausbildung befähige zur Bewältigung der im Patentverfahren gestellten Aufgaben. Die hier notwendige Fähigkeit zum abstrakten Denken könne nur durch eine abgeschlossene wissenschaftliche Bildung gewonnen werden[32].

Aber dieser Mangel ist nicht das hauptsächliche Kriterium Isays: Die neben den Patentanwälten bislang schon unter gewissen Bedingungen in Patentsachen tätigen „Patentagenten" seien eine bunt zusammengewürfelte Gruppe. „Es fehlt dieser Personengruppe jede Einheitlichkeit in geistiger und kultureller Beziehung[33]."

Daraus resultiert Isays vorrangige Befürchtung, die offenlegt, um was es ihm mit der wissenschaftlichen Bildung eigentlich geht: „Entsprechend würde anstelle der einheitlichen Patentanwaltschaft ein in sich gespaltener Stand mit ganz verschiedenem Bildungsniveau und ganz uneinheitlicher Geisteshaltung treten[34]."

In drei weiteren Vorträgen plädiert Isay für den Schutz des gewerblichen Mittelstandes und erörtert die Möglichkeiten, die das Patentrecht hierfür bietet[35].

An der Erhaltung einer Vielzahl kleinerer selbständiger Industrieunternehmen, des gewerblichen Mittelstandes überhaupt, besteht nach seiner Auffassung ein „nationales Interesse"[36]. Nach dem deutschen Verlust vieler Rohstoffgebiete — so schreibt Isay Anfang der 20er Jahre — bestehe die Möglichkeit einer aktiven Gestaltung der deutschen Zahlungsbilanz nur in der Ausfuhr deutscher Arbeit, in der Wiedereroberung des Weltmarktes durch deutsche Wertarbeit. Grundlage gerade hierfür sei aber immer schon die Existenz einer Vielzahl selbständiger Fertigungsunternehmen gewesen.

„In ihnen entfalteten sich die technische Initiative, entfalteten sich die technischen Begabungen und die Führerpersönlichkeiten der deutschen Industrie[37]."

Die kleineren und mittleren Industriebetriebe sind für Isay die Garantie einer regen Erfindertätigkeit und damit der Konkurrenz-

---

[32] Ebd., S. 21.
[33] Ebd., S. 17.
[34] Ebd., S. 25.
[35] Patentgemeinschaft im Dienste des Kartellgedankens, 1923 (Nr. 120); die Funktion der Patente im Wirtschaftskampf, 1927 (Nr. 153); Wirtschaftskrise und gewerblicher Rechtsschutz, 1933 (Nr. 195).
[36] Patentgemeinschaft, S. 7; Wirtschaftskrise, S. 36.
[37] Patentgemeinschaft, S. 7.

fähigkeit der deutschen Industrie[38]. In der Wirtschaftskrise, 1933, betont Isay auch die ideelle Bedeutung einer mittelstandsfreundlichen Politik:

„Der selbständige Mittelstand war bei uns Träger der kulturellen, ethischen und religiösen Werte, der uralte Pflanzboden, in dem das deutsche Wesen wurzelte, und aus dem das meiste hervorging, was die Geschichte an Großem, an Schönen, an Edlen, an Liebenswerten hervorgebracht hat[39]."

Diesen so unentbehrlichen und wertvollen Mittelstand sieht Isay seit Ende des I. Weltkrieges ständig bedroht durch die Konzentrationsbestrebungen des Großkapitals. Die Wirtschaft gerate mehr und mehr unter die Herrschaft der großkapitalistischen Industrie, Kleinunternehmer und Privatbankiers würden zunehmend verdrängt. Damit gehe auch die Privatinitiative und die Wirkung der Unternehmerpersönlichkeit verloren[40].

Dem bedrängten Mittelstand ist nach Meinung Isays mit Mitteln des Patentrechts zu helfen.

In „Die Patentgemeinschaft im Dienste des Kartellgedankens" empfiehlt er den selbständigen Fertigungsunternehmen den Zusammenschluß in Kartellen. Die Patente mit ihrer großen Bedeutung in der Fertigungsindustrie sollen dabei als Hilfsmittel eingesetzt werden. Über Patentgemeinschaften soll die Kartellierung gefördert werden. Isay unterscheidet zwei Formen der Patentgemeinschaft:

1. Die „einfache Patentgemeinschaft", bei der das Recht am Patent beim Eigentümer verbleibt, aber jedem Kartellmitglied eine einfache Lizenz gewährt und zugleich vereinbart wird, daß an Außenseiter keine Lizenz vergeben werden darf.

2. Die „durchgeführte Patentgemeinschaft", bei der das Ausschlußrecht (Patent oder ausschließliche Lizenz am Patent) auf das Kartell übertragen wird und dieses jedem Mitglied einfache Lizenzen überläßt[41].

Aus der Gemeinsamkeit der Patentinteressen entstehe in der Regel ein Zusammenschluß auch auf anderen Gebieten[42]. Den besonderen Vorteil einer derartigen Kartellbildung sieht Isay darin, daß sie den

---

[38] Vorwort zur 5. Aufl.
[39] *Isay*, Wirtschaftskrise, S. 18.
[40] Ebd., S. 18 ff.
[41] *Isay*, Patentgemeinschaft, S. 12 ff.
[42] Ebd., S. 11.

einzelnen Unternehmen Spezialisierung ohne Aufgabe ihrer Selbständigkeit ermöglicht[43].

Der von Isay geprägte Begriff der „durchgeführten Patentgemeinschaft" ist heute allgemein üblich, während statt „einfacher Patentgemeinschaft" heute der Ausdruck „Lizenzaustauschvertrag" verwendet wird[44].

In dem Vortrag „Die Funktion der Patente im Wirtschaftskampf" weist Isay nochmals ausführlich darauf hin, daß zum Schutz des Mittelstandes ein umfassender Schutz der Patente notwendig ist. Die kleinen Einzelunternehmen seien der Kapitalmacht der Großunternehmen auf allen wirtschaftlichen Gebieten unterlegen. Diese Unterlegenheit könnten sie nur auf technischem Gebiet, durch die Erfindung neuer Produkte und vorteilhafterer Verfahren ausgleichen[45]. Patentierte Erfindungen seien daher ihre wichtigste Waffe im Konkurrenzkampf mit den Großunternehmen. Der Schutz dieser Patente erweise sich so als existenznotwendig für die Kleinunternehmen, während Patente für die Konzerne eine vergleichsweise geringe Bedeutung hätten. Isay fordert deshalb vom Reichsgericht, mit seiner Rechtsprechung einen starken Patentschutz zu gewährleisten[46].

Diese Gedanken sind auch zentrales Thema von „Wirtschaftskrise und gewerblicher Rechtsschutz". Isay erörtert hier Möglichkeiten mit Mitteln des gewerblichen Rechtsschutzes der Wirtschaftskrise entgegenzuwirken.

Er tritt der Auffassung entgegen, die seiner Meinung nach von den Nationalsozialisten zur Wirtschaftskrise vertreten wird: „Danach ist die Wirtschaftskrise letzten Endes eine Folgeerscheinung der ‚Zinsknechtschaft' und ihre Beseitigung nur durch die Beseitigung der kapitalistischen Wirtschaft und ihr Ersatz durch den ‚Sozialismus' im Sinn einer ‚Werkgemeinschaft der Nation' möglich[47]."

Isay verweist demgegenüber auf die Sowjetunion, bezweifelnd, daß ein Volk für sich allein die kapitalistische Wirtschaft beseitigen kann[48].

Die Wirtschaftskrise zu überstehen, ist nach Isays Auffassung für Deutschland allein durch eine Expansion der deutschen Exporte mög-

---

[43] Ebd., S. 34.
[44] Vgl. zur heutigen Lage *H.-J. Schulte*, Lizenzaustauschverträge und Patentgemeinschaften im amerikanischen und im deutschen Recht, Frankfurt 1971, zu Isay, S. 95 f., 238 f.
[45] *Isay*, Funktion, S. 35.
[46] Ebd., S. 36.
[47] *Isay*, Wirtschaftskrise, S. 11.
[48] Ebd., S. 11.

lich — die Alternative, nämlich Autarkie, hält er für illusionär[49]. Für die Steigerung der Konkurrenzfähigkeit der deutschen Wirtschaft gilt wiederum Isays bereits bekannte Argumentation: Konkurrenzvorsprung nur durch höhere technische Qualifikation deutscher Waren, diese nur bei Existenz von Klein- und Mittelunternehmen, deren Schutz muß durch starken Patentschutz erreicht werden[50]. Also Patentschutz gegen Wirtschaftskrise. So fügt Isay den vielen Vorschlägen zur Behebung der Weltwirtschaftskrise noch sein Patentrezept hinzu.

In einer Besprechung aus dem gleichen Jahr mußte sich Isay dann von Bußmann belehren lassen, daß er den Nationalsozialismus gründlich mißverstanden hatte und dieser hinter Isay hinsichtlich der Mittelstandsfreundlichkeit keineswegs zurückstehe[51].

Isays Engagement für den Mittelstand — der bei ihm vom akademisch gebildeten Patentanwalt über Kleinunternehmer bis zum Privatbankier reicht — ist Teil einer der großen ideologischen Strömungen der Weimarer Epoche.

Kennzeichnend für die ökonomische Entwicklung der zwanziger Jahre war die Konzentrationsbewegung in Industrie und Handel, das rapide Anwachsen von wirtschaftlichen Großorganisationen. Fast entsprechend verlor der alte Mittelstand der kleinen unabhängigen Unternehmer seine finanziellen Reserven, seine wirtschaftspolitische Bedeutung, sein Sicherheitsgefühl. Handwerker und kleine Kaufleute sahen sich in der Gefahr, ihre relative Selbständigkeit zu verlieren, fürchteten die Proletarisierung. Ähnlich fühlte der neue Mittelstand der Beamten und Angestellten seine soziale Stellung bedroht durch die Einebnungstendenzen der modernen, hochkapitalistischen Industriegesellschaft[52]. Der soziale und ökonomische Strukturwandel ließ die Auflösung ständischer Unterschiede erwarten.

Dieser Verlust wirtschaftlicher und sozialer Sekurität führte beim Mittelstand zu einer wachsenden Krisenmentalität und einer betonten Defensivhaltung. Die bisherige soziale und wirtschaftliche Stellung sollte bewahrt bleiben, wenn nicht durch Rückkehr vergangener Zustände wiederhergestellt werden[53]. Unrealistisch wurde den Entwicklungstendenzen der kapitalistischen Industriegesellschaft Widerstand

---

[49] Ebd., S. 11.
[50] Ebd., S. 21.
[51] *Bußmann*, MuW 1933, 432 (Nr. 363); möglich erscheint, daß Isay den Nationalsozialismus in die Nähe des Bolschewismus rückte, um ihn bei seinen bürgerlichen Adressaten zu diffamieren.
[52] Hierzu *Bracher*, Weimarer Republik, S. 158 ff.
[53] *Th. Geiger*, Die Mittelstände im Zeichen des Nationalsozialismus, S. 350 ff.; *Bracher*, Weimarer Republik, S. 169.

geleistet, aussichtslos versucht sie umzukehren. Als Gegner und Hauptübel wurden die mächtigen Großverbände des Wirtschaftskampfes angesehen, die Konzerne und Gewerkschaften, ohne zu beachten, daß diese großen Organisationen zu den grundlegenden Merkmalen und Funktionsvoraussetzungen der entwickelten Industriegesellschaft gehörten[54].

Die mittelständische Abwehrideologie hatte bei den verschiedenen Gruppen freilich unterschiedliche Schwerpunkte und Nuancierungen. Der Arbeitnehmermittelstand war interessiert an ständischen Prinzipien und wie bei den Handwerkern und kleinen Selbständigen herrschte eine klassenkampf-feindliche und „antikapitalistische" Mentalität vor[55]. Beim kleinen Unternehmertum herrschten eher kleinkapitalistische Vorstellungen vor, es kämpfte — außer gegen die Gewerkschaften natürlich — besonders gegen einen monopolistischen, anonymen Großkapitalismus, gegen den immer größere Kapitalreserven erfordernden technischen Fortschritt, gegen Trusts und Konzerne[56].

Bei Isay sind die kleinkapitalistischen Gedanken betont. Er wendet sich wohl gegen die Macht des Großkapitals, ohne aber im geringsten die kapitalistische Wirtschaftsordnung anzugreifen und etwa für romantische vorkapitalistische Vorstellungen zu plädieren. Diese Wirtschaftsordnung ist für ihn unabänderliche und unreflektierte Grundlage der Gesellschaft. Seine Gedanken entsprechen eher dem klassischen Wirtschaftsliberalismus. Sein Eintreten für den gewerblichen Mittelstand erweist sich freilich als genauso unrealistisch wie andere, stärker rückwärtsgewandte Strömungen der Mittelstandsideologie, wenn er glaubt, die in der Entwicklung des Kapitalismus liegenden Tendenzen durch punktuelle Remeduren wie die Verstärkung des Patentschutzes

---

[54] Dazu schon das kommunistische Manifest, S. 43: „Die Mittelstände, der kleine Industrielle, der kleine Kaufmann, der Handwerker, der Bauer, sie alle bekämpfen die Bourgeoisie, um ihre Existenz als Mittelstände vor dem Untergang zu sichern. Sie sind also nicht revolutionär, sondern konservativ. Noch mehr, sie sind reaktionär, sie suchen das Rad der Geschichte zurückzudrehen. Sind sie revolutionär, so sind sie es im Hinblick auf den ihnen bevorstehenden Übergang ins Proletariat ..."
Dazu *Lipset*, Soziologie der Demokratie, S. 137 ff.

[55] Exemplarisch dafür ist die Forderung in einem frühen Programm der mittelständischen Schleswig-Holsteinischen Landespartei (zitiert nach *Lipset*, Soziologie der Demokratie, S. 149): „Der Handwerker muß einerseits gegen den Kapitalismus geschützt werden, der ihn mit seinen Fabriken erdrückt, und andererseits gegen den Sozialismus, der danach strebt, einen proletarischen Lohnarbeiter aus ihm zu machen. Gleichzeitig muß der Kaufmann gegen den Kapitalismus in der Form großer Warenhäuser verteidigt werden und der Einzelhandel gegen die Gefahr des Sozialismus."
Vgl. weiter *Geiger*, Die Mittelstände im Zeichen des Nationalsozialismus, S. 348 ff.

[56] Siehe *Bracher*, Weimarer Republik, S. 166 mit weiteren Nachweisen.

aufhalten zu können. Isays Kampf mußte so ein Kampf gegen Windmühlenflügel bleiben.

Die ständische Ideologie erscheint bei Isay wenig ausgeprägt. Wohl redet er viel von „Ständen" und vertritt die berufsständischen Interessen der Patentanwälte mit Argumenten, deren ideologischen Charakter zu entlarven hier nicht lohnt. Es fehlt aber jeder theoretische Ansatz, die Gliederung der Gesellschaft in bestimmte Stände zu rechtfertigen oder zu befürworten. Die Vorstellung Isays von der Bestimmung des Staates — soweit in diesen Schriften bereits erkennbar — ist eher die einer passiv-schützenden als die einer hierarchisch-ordnenden Rolle.

Diese politischen Ideen Isays entsprechen soweit dem klassischen bürgerlichen Liberalismus. Im Parteienspektrum der Weimarer Republik wären diese Gedanken bei den traditionellen Mittelstandsparteien, Deutsche Demokratische Partei, Deutsche Volkspartei, Wirtschaftspartei einzuordnen. Anders als der größte Teil der Basis dieser Parteien wendet sich Isay allerdings zu Beginn der dreißiger Jahre nicht dem Nationalsozialismus zu[57], der ja gerade durch die Absorption der mittelständischen Wählerschichten zur Macht gelangte[58].

3. Wettbewerbsrecht

In der zweiten Hälfte der zwanziger Jahre beginnt Isay, sich mit dem Wettbewerbsrecht zu beschäftigen, insbesondere mit der Rechtsprechung zu § 1 UWG.

Grundzüge seiner späteren rechtstheoretischen und methodenkritischen Überlegungen sind hier bereits erkennbar. In einem Aufsatz über den „Formalismus in der Rechtsprechung über unlauteren Wettbewerb"[59] kritisiert Isay die Auffassung, die Rechtsprechung im Wettbewerbsrecht müsse auf von vornherein festgelegten Rechtssätzen beruhen. Er beruft sich auf E. Fuchs: „Ungezählte Male ist der Nachweis geführt worden, daß die Rechtsprechung auf Grund fester Rechtssätze mindestens ebenso unsicher, d. h. ebensowenig voraussehbar ist, wie die Rechtsprechung auf Grund des Rechtsgefühls[60]." Wenn Rechtssätze erst aus Anlaß einer Entscheidung aufgestellt werden, gefährde dies keineswegs die Rechtssicherheit[61].

---

[57] *Isay*, Wirtschaftskrise, S. 11; siehe schon oben.
[58] Dazu ausführlich schon *Th. Geiger*, Die Mittelstände im Zeichen des Nationalsozialismus und jetzt ausführlich *Lipset*, Soziologie der Demokratie, S. 143 ff.
[59] GRUR 1927, S. 863 (Nr. 157).
[60] Ebd., S. 864.
[61] Ebd., S. 864.

2. Abschn.: Wirtschaftsrechtliche Arbeiten

Daß damit keine wirre Billigkeitsjustiz gemeint ist, macht seine Klage über die „Gefährdung des gewerblichen Rechtsschutzes durch § 1 UWG"[62] klar. Isay kritisiert, daß § 1 UWG von der Rechtsprechung zu einer beherrschenden Vorschrift im Wirtschaftsrecht gemacht worden sei. Halte diese Entwicklung an, so würden fast alle Sonderbestimmungen der verschiedenen Gesetze des künstlerischen und gewerblichen Rechtsschutzes überflüssig werden. Statt all dieser Gesetze könnte man sich mit § 1 UWG begnügen. Isay hält es aber für unmöglich, ohne diese Spezialnormen auszukommen: Generalklauseln wie § 1 UWG sind nach seiner Auffassung keine echte Normen. Normen aber seien für die nachträgliche Kontrolle und Begründung und damit für die Berechenbarkeit von Entscheidungen unentbehrlich. „Die Bedeutung der Normen für die Entscheidung ist aber, wenn sie auch für die Entstehung der Entscheidung nicht die Rolle spielt, welche die herrschende Auffassung ihr zuschreibt, sehr groß, so groß, daß sie gar nicht genügend betont werden kann[63]." Auf diese Überlegungen — die später ausführlicher zu erörtern sein werden — stützt Isay seine Forderungen an die Rechtsprechung:

Die Gerichte, die den § 1 UWG benutzen wollen, müssen selbst eine die Entscheidung tragende Norm aufstellen und dürfen bestehende Normen nicht einfach unter Berufung auf § 1 UWG ausschalten[64].

Wenn das Reichsgericht durch § 1 UWG Spezialnormen den Anwendungsbereich entzieht, müßte es jedenfalls zunächst darlegen, weshalb diese Spezialnormen nicht mehr den Bedürfnissen des Verkehrs entsprechen[65].

Die neue Norm, die das Gericht für den Einzelfall, den es entscheidet, aufstellt, muß unter Berücksichtigung der wirtschaftlichen Gegebenheiten und des Verkehrsbedürfnisses auf ihre Brauchbarkeit und ihre praktischen Konsequenzen geprüft werden[66].

Interessant ist, daß sich gerade Isay nun gegen den Vorwurf wehren muß, er schätze die Normen zu hoch ein. Rosenthal, der diese Kritik übt, wendet sich dagegen, daß das Reichsgericht Normen aufstellen soll, und meint, es komme allein auf die billige und gerechte Entscheidung des Einzelfalles an, für die das Rechtsgefühl genügende Grundlage sei[67].

---

[62] So der Titel eines Vortrages *Isays*, abgedruckt in GRUR 1928, S. 71 (Nr. 161).
[63] *Isay*, Gefährdung (Nr. 161), S. 72.
[64] Ebd., S. 74 ff.
[65] Ebd., S. 77.
[66] Ebd., S. 77.
[67] *Rosenthal*, in: GRUR 1928, S. 167 ff.; vgl. zum Streit Isay-Rosenthal: *Grünbaum*, Deutsches Richterrecht, 1932, S. 54 ff.

In einer scharfen Erwiderung auf Rosenthal hält Isay seinen Standpunkt aufrecht, daß Normen zwar für die Entstehung der Entscheidung irrelevant, unentbehrlich aber für die nachträgliche Kontrolle und Begründung seien[68].

Die Abhandlung „Das Rechtsgut des Wettbewerbsrechts, zugleich ein Beitrag zur Lehre vom subjektiven Recht und von der Normbildung" (1933) entstand nach Isays rechtstheoretischem Hauptwerk. Entsprechend nimmt sie auf dort entwickelte Kategorien und Prämissen Bezug. Es handelt sich insbesondere um eine praktische Anwendung seiner Theorie, daß Normen nur aus Entscheidungen zu gewinnen sind.

Die Untersuchung geht aus von dem Problem, daß es im Wirtschaftsverkehr als notwendig angesehen wird, gegen bestimmte Wettbewerbshandlungen einen Unterlassungsanspruch zu besitzen, der an einen rein objektiven Tatbestand anknüpft. § 1 UWG gibt einen solchen Anspruch dagegen nur, wenn der Vorwurf sittenwidrigen Verhaltens des Gegners erhoben wird. Als Behelf wurden Lehren entwickelt, die die Persönlichkeit bzw. das Unternehmen als durch das UWG geschützte Rechtsgüter ansahen und dann als sonstige Rechte i. S. des § 823 Abs. 1 BGB interpretierten. Somit war in analoger Anwendung des § 823 Abs. 1 BGB eine Unterlassungsklage mit objektivem Tatbestand gegeben[69].

Für Isay sind weder Persönlichkeit noch Unternehmen das Schutzgut des UWG. Die Konstruktion derartiger subjektiver Rechte erscheint ihm unhaltbar. Es seien keine Normen ersichtlich, noch aus bisherigen Entscheidungen ableitbar, die einen umfassenden Schutz des Unternehmens gegen alle Arten von Störungen enthalten[70]. Derartige subjektive Rechte im Wirtschaftsrecht zu postulieren, hält er für unsinnig:

„Zum Wesen des hochkapitalistischen Wirtschaftssystems gehört es, daß jedermann auf Grund dieser allgemeinen Freiheit sein Gewerbe betreiben kann, auch wenn er mit Notwendigkeit dadurch den Gewerbebetrieb anderer auf dem selben Gebiet Tätigen beeinträchtigt[71]."

Die Konstruktion über § 823 Abs. 1 BGB ist nach seiner Auffassung also nicht haltbar und darf damit nicht mehr zur Kontrolle und Begründung von Entscheidungen herangezogen werden[72].

---

[68] *Isay*, Der Kampf um § 1 UWG, GRUR 1928, S. 245 ff. (Nr. 162).
[69] Zu den „irrationalen Anfängen des Unternehmensrechts" siehe *Wiethölter*, Zur politischen Funktion des Rechts am eingerichteten und ausgeübten Gewerbebetrieb, in: KJ 1970, S. 121 ff. (121 - 124).
[70] *Isay*, Rechtsgut (Nr. 194), S. 42.
[71] Ebd., S. 30.
[72] Ähnlich jetzt *Wiethölter*, Zur politischen Funktion, in: KJ 1970, S. 124 f., 129.

Isay selbst bestimmt das Schutzgut des UWG aus der Funktion des Wettbewerbsrechts im Kapitalismus: Der Gedanke des freien Wettbewerbs als Entstehungsbedingung von Wettbewerbsrecht ist erst auf dem Boden der kapitalistischen Wirtschaftsordnung entstanden[73]. Nach Auflösung der festen Regeln und Bindungen der Feudalzeit und des Zunftsystems entstand ein ungehemmter, anarchischer Wettbewerb. Das UWG sei dann geschaffen worden, um ein neues „Berufsethos" einen festen Kodex von Normen zum Schutz der guten Sitten im Wettbewerb zu schaffen[74]. Das „Berufsethos des Gewerbes" ist somit das Schutzgut des UWG.

Hiermit ergibt sich für Isay auch die Lösung des Problems von Unterlassungsklagen mit objektivem Tatbestand. Nicht auf die Auslegung des § 1 UWG kommt es an, sondern auf die zur Regelung des Wettbewerbs tatsächlich entwickelten und praktizierten Normen. Es kommt darauf an, aus den auf Grund der Ermächtigung des § 1 UWG gefällten Entscheidungen die Rechtsnormen abzuleiten, die diese Entscheidungen begründen können[75]. Isay stellt nun fest, daß bei der großen Mehrzahl der so gewonnenen Normen ein Verschulden nicht zum Tatbestand gehört[76]. Diese Normen geben also jeweils einen Unterlassungsanspruch mit objektivem Tatbestand.

Im Wettbewerbsrecht ist die von Isay vorgeschlagene Entwicklung inzwischen weitgehend eingetreten: Das Unternehmensrecht gemäß § 823 Abs. 1 BGB wird nicht mehr entscheidungsrelevant verwendet. Wiethölters Analyse des wettbewerblichen Deliktsrechts macht die Nähe zu Isays Gedanken anschaulich:

„Die rechtliche Argumentation verlagert sich vom verletzten („absoluten") Gegenstand zum Verletzungsgeschehen. Im Zentrum der Erörterung steht mithin nicht die Automatik der Tatbestand-Rechtswidrigkeit-Schuld-Indikationen, sondern die ex post-Ermittlung von Verhaltensregeln (Handlungsanweisungen)[77]."

Die Modernität, die Wiethölter in dieser ansatzweisen Wendung von der „juristisch-technischen Subsumtion zur sozial-wissenschaftlich-technologisch-politischen Argumentation" sieht, ist auch schon bei Isay angelegt[78].

Heck warf dieser Untersuung vor — in Fortsetzung seiner später darzustellenden Kontroverse mit Isay —, sie verfahre methodisch un-

---

[73] *Isay*, Rechtsgut (Nr. 194), S. 30.
[74] Ebd., S. 54.
[75] Ebd., S. 65.
[76] Ebd., S. 67.
[77] *Wiethölter*, Zur politischen Funktion ...; KJ 1970, S. 129.
[78] Ebd., S. 129.

richtig, nämlich begriffsjuristisch[79]. Isay stelle sich die Aufgabe, eine Konstruktion zu gewinnen, aus der sich ein Anspruch mit objektiven Voraussetzungen ableiten läßt. Dies sei nur berechtigt, wenn man die Ableitung von Normen aus Begriffen für zulässig halte[80].

Heck verkennt damit aber, daß Isay lediglich die vorherrschenden Konstruktionen an ihrem Anspruch maß, sie nämlich zunächst auf ihre dogmatische Stimmigkeit überprüfte. Die materiellen Normen will er — in Anwendung seiner theoretischen Grundannahme — aus Entscheidungen gewinnen. Für Isay können die Normen im Gegensatz zu Heck nicht der Entscheidungsfindung dienen. Aber auch Isay betonte stets die Notwendigkeit von Normen für die Kontrolle und Begründung von Entscheidungen. So muß auch Isay bemüht sein, der Rechtsprechung brauchbare, systemkonforme Normen anzubieten und unrichtige Konstruktionen auszumerzen. Daher geht auch der Vorwurf Hecks fehl, Isay wende seine eigenen rechtstheoretischen Grundsätze in dieser Untersuchung nicht an.

Auch dieser Teil des wirtschaftlichen Werks Isays wird heute kaum noch beachtet[81]. Aktuell geblieben sind freilich die von ihm angesprochenen Probleme.

Was Isay zum Thema Generalklauseln im Wirtschaftsrecht schreibt, dürfte sich mit gewissen Einschränkungen auch heute noch zu den modernen Auffassungen zählen[82].

Wie auch neuere Lehren sah Isay die Aufgabe des Richters hier nicht als Anwendung von Normen, sondern als Normsetzung, als bewußte Gestaltung des Wirtschaftslebens. Er zog hieraus allerdings nicht die Konsequenz, daß es bei solcher Rechtsprechung nicht mehr um „Recht", sondern um Politik, Wirtschaftspolitik geht.

4. Zusammenfassung

Für die Genese der Rechtstheorie Isays ist interessant, daß er sich unmittelbar von wirtschaftlichen Problemen zu methodologischen Reflexionen gedrängt sah. Im Patentrecht stellte Isay fest, daß die Rechtsprechung in kürzester Zeit eine Wendung vollzog und gegenüber früher zu diametral entgegengesetzten Ergebnissen kam, ohne daß sich

---

[79] *Heck*, Besprechung von: Isay, Das Rechtsgut des Wettbewerbsrechts, in: AcP 137 (1933), S. 95 ff. (Nr. 360).
[80] *Heck*, S. 96.
[81] Erwähnt ist Isay z. B. bei *W. Fikentscher*, Wettbewerb und gewerblicher Rechtsschutz, München, Berlin 1958, S. 161.
[82] Hierzu *Wiethölter*, Rechtswissenschaft, S. 197, 260. Näheres zu Isays rechtstheoretischer Erfassung der Generalklauseln unten 3. Abschnitt, III.

ihre Doktrin, geschweige denn das Gesetz geändert hätte. Die Rechtsprechung begründete ihre neuen Ergebnisse mit der alten Lehre und unveränderten Grundsätzen. Nach der herkömmlichen Lehre von Gesetzesanwendung mußte dies schlechterdings unmöglich sein. So kam Isay zu der Einsicht, daß die Normen und ihre Auslegung für die Entscheidung im Ergebnis nicht ausschlaggebend sein konnten.

Im Wettbewerbsrecht sah Isay, daß die richterliche Regelung von Wettbewerbsverhalten nicht durch subsumierende Normanwendung geleistet werden konnte. Die Fiktion, Ergebnisse aus einer Generalklausel wie § 1 UWG abzuleiten, führte zu unkontrollierten und unkontrollierbaren Billigkeitsentscheidungen für isoliert gesehene Einzelfälle.

Diese Probleme waren mit der traditionellen Vorstellung von Rechtsanwendung nicht zu bewältigen. Umgekehrt waren freilich Isays Vorschläge und Forderungen nicht mit den herkömmlichen Rechtstheorien und Methodenlehren vereinbar. Eine eigene Rechtstheorie zu erarbeiten erwies sich so von Isays wirtschaftsrechtlichem Werk her als notwendig.

Ein weiterer Aspekt ist die, insbesondere in den rechtspolitischen Vorträgen hervorgetretene, politische Einstellung Isays. Für das Verständnis seiner Rechtstheorie kann nicht bedeutungslos sein, daß er sich zum einen ganz unbefangen mit dem Kapitalismus identifiziert, zum anderen engagiert gegen die Bedrohung mittelständischer Interessen kämpft.

Dritter Abschnitt

Rechtstheorie und Methodologie

Isay skizzierte seine rechtstheoretischen Vorstellungen erstmals in dem Vortrag „Die Isolierung des deutschen Rechtsdenkens" (1924) und entwickelte sie dann in „Rechtsnorm und Entscheidung" (1929) zu einer umfassenden Theorie. Mit der Interessenjurisprudenz setzte er sich später in zwei Aufsätzen („Die Methode der Interessenjurisprudenz" und „Interessenjurisprudenz und Patentrecht") auseinander.

Während „Die Isolierung des deutschen Rechtsdenkens" hauptsächlich einer Auseinandersetzung mit der „deutschen Auffassung vom Staat" gewidmet ist, erläutert Isay in „Rechtsnorm und Entscheidung" seine Theorie vom „Rechtsgefühl" an der Untersuchung des Verhältnisses zwischen richterlichem Urteil und staatlichem Gesetz.

Eine kritische Darstellung der Theorien Isays macht es notwendig, von einem getrennten Referat dieser rechtstheoretischen Schriften abzusehen und von der Gliederung des Stoffes und der Reihenfolge der Themen, wie Isay sie in „Rechtsnorm und Entscheidung" vornimmt, abzuweichen. Obwohl anders möglicherweise ein authentischeres Bild der Persönlichkeit und des Schaffens Isays hätte erreicht werden können, so würde ein solches Vorgehen auf Grund der verschränkten und oft verwirrenden Darlegung, die Isay seinen Gedanken gibt, eine kritische Darstellung in vertretbarer Länge unmöglich machen. Die Darstellung wird daher die Ausführungen Isays unter den Gesichtspunkten der staats- und gesellschaftstheoretischen Vorstellungen Isays, seiner Theorie vom Rechtsgefühl und seiner Rechtsgewinnungstheorie ordnen, wobei innerhalb der einzelnen Abschnitte weitestgehend der Ablauf und Zusammenhang der Gedanken, wie er sich bei Isay findet, wiedergegeben werden soll.

I. Staats- und gesellschaftstheoretische Grundlagen

1. Rechtsgemeinschaft und Staat

Isays Staats- und Gesellschaftsverständnis basiert auf einer strengen Trennung zwischen Rechtsgemeinschaft und Staat. Die Rechtsgemeinschaft definiert Isay als eine Gemeinschaft, in der das Zusammenleben durch das Recht geregelt ist und nicht mehr (allein) durch die natürlichen Kampfmittel des Menschen, wie Gewalt und List (S. 251)[1]. In der Rechtsgemeinschaft spielt sich das durch Entscheidungen geregelte private Rechts- und Geschäftsleben ab. In Anlehnung an Smend existiert die Gemeinschaft für Isay durch und in ihren „Integrationen" (S. 254 f.) und besitzt dadurch überindividuelle Persönlichkeit und geistige Realität (S. 254 ff.). Die „Integration" der Rechtsgemeinschaft erfolgt in Entscheidungen und Normen, die Richter sind ihre „personellen Integrationen". Rechtsgemeinschaft und Staat haben zwar in der Nation die gleiche personale Grundlage, sind aber zwei völlig getrennte und voneinander unabhängige Erscheinungen (S. 256). Die Rechtsgemeinschaft ist eine dem Staat gegenüber „präexistente und ideell von ihm unabhängige Gemeinschaft" (S. 272).

Der Staat ist eine Gemeinschaft, in der die Konzentration und Verteilung der Macht in bestimmter Weise stabilisiert sind. Auch der Staat hat gemäß Isays Übernahme der Smendschen Integrationslehre „gei-

---

[1] Im folgenden beziehen sich Seitenzahlen im Text auf „Rechtsnorm und Entscheidung". Seitenzahlen mit dem Vermerk „Isolierung" beziehen sich auf „Die Isolierung des deutschen Rechtsdenkens".

stige Wirklichkeit" durch die „Integration" der in ihm wirkenden Kräfte. Wesensmerkmal des Staates ist nicht das Recht, sondern die Macht, die Machtausübung (S. 257 f.).

2. Staat und Individuum

Ziel und Zweck des Staates sieht Isay in der Förderung des individuduellen Glücks, in der „Glückseligkeit der Individuen", der „Vollendung der sittlichen Einzelpersönlichkeit" (S. 127 ff., 257). Den Individualismus in der Tradition des Naturrechts, der Aufklärung und der Philosophie Kants verteidigt Isay gegen den Universalismus, als dessen Hauptexponenten er Hegel ansieht. Der Universalismus wolle dem Individuum nur als Glied der Gemeinschaft Würde zugestehen und stelle das Wohl der Gemeinschaft über das Wohl des einzelnen. Isay hält dem entgegen: „Mit der Formel des Universalismus, d. h. unter Berufung auf das „öffentliche Wohl" sind von jeher alle möglichen Unbarmherzigkeiten und Grausamkeiten, alle denkbaren Feigheiten und Niederträchtigkeiten gerechtfertigt worden" (S. 131/132).

Eine dialektische Aufhebung des Widerspruchs zwischen Individualinteresse und Gemeinschaftsinteresse, wie sie Hegel vertritt, hält Isay für unmöglich (S. 129). Wichtiger als jede Begründung des Staatszwecks ist für ihn die Gesinnung, die sich hinter den verschiedensten Formeln verbergen kann. „Die Gesinnung, auf die es ankommt, ist das Gefühl für die Würde der Persönlichkeit, die Achtung ihres Rechts auf Entfaltung und Entwicklung ihrer geistigen und sittlichen Anlagen, der Respekt vor ihrer Arbeit und deren Ergebnissen." (S. 132)

Die am Hegelschen Denken orientierte deutsche Auffassung des Verhältnisses zwischen Staat und Individuum bildet für Isay den entscheidenden Gegensatz zum westeuropäischen, namentlich dem angelsächsischen Denken. Während sich fast im gesamten westlichen Ausland im 19. Jh. die individualistische Staats- und Gesellschaftstheorie durchsetzte, wurde in Deutschland die Hegelsche Philosophie als Ideologie des Obrigkeitsstaats rezipiert. Die Lehre von der „Allmacht des Staates", der „absoluten Souveränität des Staates" wurde herrschend (Isolierung, S. 33 ff.). „Die Auffassung vom Staat als der Idee nach unbegrenzter Macht führt dazu, im Verhältnis zu den einzelnen Staatsangehörigen kein eigenes Recht der letzteren anzuerkennen" (Isolierung, S. 35). Isay lehnt dieses obrigkeitsstaatliche Denken ab, an dem sich in Deutschland auch durch „die Revolution von 1918" nichts geändert hat: „Denn diese Revolution stand unter dem Zeichen der Sozialdemokratie — und die Sozialdemokratie ist Geist vom Geiste Hegels" (Isolierung, S. 35). Auch in der Gegenwart muß nach Isays

Auffassung der Bedrohung des Individuums durch die Staatsmacht — die er in der Zwangsbewirtschaftung nach dem Krieg und der Verschärfung der Besteuerung sieht — entgegengetreten werden. Das Naturrecht in einer zeitgemäßen Form soll den deutschen Juristen als „eine gesicherte juristische Weltanschauung dienen, von der aus der politischen Macht gegenüber den festen Rechtsstandpunkt gewinnt, der es ihm ermöglicht, als unbeugsamen Diener des Rechts aufzutreten, des Rechts, nicht nur des Staats gegenüber dem Einzelnen, sondern auch des Einzelnen gegenüber dem Staat" (Isolierung, S. 39).

3. Recht und Staat

Die historische gesellschaftliche Entwicklung stellt sich für Isay dar als Kampf zwischen Rechtsgemeinschaft und Staat, zwischen Recht und Macht. Dabei wird von beiden Seiten letztlich eine Verbindung angestrebt. Eine solche Verbindung, in der ein Ausgleich, eine Symbiose zwischen beiden erreicht wird, ist für Isay geschichtlich zuerst im englischen Rechtsstaat, in Deutschland mit der Weimarer Reichsverfassung erfolgt (S. 260 ff., Isolierung, S. 34). Im Rechtsstaat findet die Rechtsgemeinschaft Sicherung und gesicherte Verwirklichung des Rechts, und der Staat hat Rechtsprechung und Normsetzung zu Staatsfunktionen gemacht. Aber der Staat versucht nicht mehr, Herrscher über das Recht zu sein, sondern begnügt sich damit, sein Schützer und Diener zu sein (S. 261).

Entsprechend dieser Grundauffassung, die Macht und Recht antinomisch gegenüberstellt, lehnt Isay entschieden die Auffassungen ab, die das Recht als ein Erzeugnis des Staates ansehen. Er bekämpft den Gesetzespositivismus jeder Spielart, insbesondere Kelsens Identifizierung des Rechts mit den staatlichen Gesetzen. „Macht und Recht sind in ihrem innersten Wesen unvereinbare Gegensätze. Wohl kann sich die Macht in den Dienst des Rechts stellen, und der moderne Staat hat es getan. Aber *erzeugen* kann die Macht als solche das Recht niemals" (S. 265)[2]. Isay wirft Kelsens Lehre vor, sie sei „nichts anderes als die logische Rechtfertigung der nackten Gewalt als Recht" (S. 268). Isay sieht in dem englischen Prinzip der „supremacy of the law" und im alten deutschen Staats- und Rechtsempfinden die Bestätigung dafür, daß der Staat dem Recht gegenüber nicht souverän ist, sondern unter seiner Herrschaft steht. Auch das rationale Naturrecht hatte nach seiner Auffassung recht mit seinem Grundgedanken, der Unabhängigkeit des Rechts vom Staate (S. 106, Isolierung, S. 38). Die geschichtliche Bedeutung und das Verdienst des Naturrechts sieht er in der Verteidigung dieses Grund-

---

[2] In Zitaten enthaltene Hervorhebungen entsprechen hier und im folgenden stets dem Original.

gedankens und seinem Eintreten für das Recht des Individuums gegenüber dem Staat: „Das Naturrecht als ein vor und über dem Staate geltendes Recht war die einzige Waffe, mit der die Rechtswissenschaft der übermächtigen Staatsgewalt in ihrer Ausübung durch den absoluten Herrscher entgegentreten konnte" (S. 106).

4. Der Rechtsstaat

Der Rechtsstaat nach englischem Vorbild ist für Isay die erstrebenswerte Gesellschaftsordnung (S. 270 ff., Isolierung, S. 37 passim). Im Rechtsstaat hat sich die Rechtsgemeinschaft gegenüber dem umfassenden und absoluten Herrschaftsanspruch des Staates durchgesetzt. Die Rechte des einzelnen, seine Freiheit und Würde werden geachtet und vor Eingriffen des Staates geschützt. Ausdrücklich lehnt Isay eine „formale Rechtsstaatsidee" ab.

Materiell wird der Schutz des Individuums durch die Anerkennung von Grundrechten des Menschen gewährleistet: „Sie (scil. die Grundrechte) sichern die Individualsphäre des Einzelnen gegenüber Eingriffen des Staates, ihre Aufnahme in die Verfassung bedeutet die Anerkennung von vor- und überstaatlichen Rechten des Einzelnen durch den Staat" (S. 272). Der Staat darf nur auf Grund von Normen, die nicht einfach auf dem Willen des Staates, sondern auf dem Recht beruhen, in die Individualsphäre eingreifen (S. 270).

Formal wird der Schutz durch die Gewährleistung eines gerichtlichen Verfahrens zur Überprüfung staatlicher Eingriffe garantiert. Die Richter müssen dem Staat gegenüber unabhängig sein, was für Isay bedeutet, daß sie „eine Integration nicht des Staates, sondern der Rechtsgemeinschaft" sein müssen (S. 270). Deshalb fordert Isay, in Deutschland dem englischen Beispiel zu folgen und den Schutz des Bürgers den ordentlichen Gerichten zuzuweisen (S. 274). Zumindest soll aber den Verwaltungsgerichten die Stellung wirklich unabhängiger Gerichte gegeben werden und durch Einführung einer Generalklausel ein umfassender Rechtsschutz garantiert werden.

Gegen Carl Schmitts Auffassung, daß „im Ausnahmefall der Staat das Recht suspendiert", hält Isay daran fest, daß auch im Ausnahmezustand und in der Diktatur nicht das Recht aufgehoben ist, sondern nur ein bestimmter Normenbestand. Auch der Diktator bleibt an das Recht gebunden (S. 281). „Der Staat verliert während der Aufhebung (scil. der Normen) den Charakter des Rechtsstaates. Aber die Gemeinschaft bleibt Rechtsgemeinschaft, ihre Ordnung bleibt Rechtsordnung" (S. 282).

Ähnliches gilt für revolutionäre Vorgänge. „Die Revolution richtet sich nicht gegen das Recht, sondern gegen bestimmte Normen, nicht einmal gegen den Staat an sich, sondern gegen die Machtverteilung innerhalb eines geschichtlich bestimmten Staates" (S. 283). Recht, Rechtsgemeinschaft und Staat bleiben also unberührt von der Revolution, die er ansieht als eine „Eruption des Rechtsgefühls".

5. Recht und Völkergemeinschaft

Daß Isay nationalistisches Machtdenken ablehnt, zeigt seine Auffassung vom Völkerrecht.

Isay lehnt de Auffassung ab, nach der das Völkerrecht allein auf dem Willen der Staaten beruht, es den einzelnen Staat nur solange verpflichtet, wie er sich daran binden will. Auch das Völkerrecht bezieht seine Geltung aus überpositiven Quellen und nicht aus der Autonomie der Staaten.

„Solange man das Völkerrecht auf den Willen der Staaten zu gründen versucht, bedeutet das in Wahrheit, ihm die Grundlage entziehen. Ein Recht kann sich nicht auf Willkür gründen. Für das Völkerrecht, das auf dem Willen der Staaten aufgebaut ist, ist denn auch der Weisheit letzter Schluß *der Krieg*" (S. 289).

Eine Souveränität i. S. einer Herrschaft oder Unabhängigkeit der Staaten gegenüber dem Völkerrecht kann es für ihn nicht geben. „Souveränität" ist nach seiner Definition die „Unabhängigkeit gegenüber jedem fremden Willen, der sich nicht auf das Recht stützen kann" (S. 290). So gehört auch das Kriegsrecht nicht zum Völkerrecht, „da der Krieg mit dem Recht nichts zu tun hat" (S. 302). Nach Isays Auffassung hat der deutsche Souveränitätsbegriff, der das uneingeschränkte Recht des Staates, Krieg zu führen, umfaßte, vor dem Krieg zum Mißtrauen des Auslandes gegenüber Deutschland wesentlich beigetragen. Deutschland isolierte sich damit durch eigene Schuld gegenüber den westlichen Mächten (Isolierung, S. 42). Isay mahnt, die ablehnende Haltung gegenüber dem Gedanken einer internationalen Schiedsgerichtsbarkeit aufzugeben und fordert in seinem Vortrag von 1924 den Beitritt Deutschlands zum Völkerbund (Isolierung, S. 42).

Die „Völkergemeinschaft" ist somit für Isay eine Rechtsgemeinschaft (S. 299). Mitglieder der Völkergemeinschaft sind nicht nur Staaten, sondern auch alle wilden und halbwilden Völker und Völkerschaften, nationale Minderheiten und auch Einzelpersonen (S. 302 ff., 304 f., 312 ff.). Die völkerrechtlichen Normen, insbesondere die Normen des allgemeinen Völkerrechts, sind vom Richter genauso wie Landesrecht zu beachten (S. 326).

Mit seiner Forderung der völligen Unterwerfung der einzelnen Staaten und Nationen unter das Völkerrecht und der Ablehnung des

Krieges als Mittel der Austragung internationaler Konflikte wendet sich Isay ebenso entschieden wie gegen den alten Obrigkeitsstaat auch gegen eine Renaissance nationalistischer Machtpolitik. Er kritisiert heftig die entgegengesetzten Lehren Triepels und E. Kaufmanns, mit deren konservativem Denken er ansonsten oft übereinstimmt.

Zur damaligen Zeit wurde der friedliche Interessenausgleich unter den Völkern meist nur von Sozialisten und den fortschrittlichsten Teilen des Bürgertums propagiert. Die Konservativen und besonders die völkische Bewegung polemisierte gegen „Internationalismus" und „Pazifismus", die sie gar als Landesverrat zu denunzieren suchten[3]. Wenn Isay sich trotzdem so deutlich gegen den Krieg aussprach, so geschah dies sicherlich nicht aus Opportunismus.

6. Zusammenfassung

Isays Staats- und Gesellschaftstheorie erweist sich insgesamt — trotz aller Verbrämung mit dem Vokabular der zeitgenössischen organischen Staatslehren — als die des Liberalismus.

Die vordemokratische, liberale Trennung von Staat und Gesellschaft erscheint hier in der Form des Dualismus von Staat und Rechtsgemeinschaft. Isay übernimmt die deutsche Mystifizierung des Staates — wenn dieser Mythos bei ihm auch einen negativen Akzent erhält — und fügt dem die Mystifizierung der ehedem noch konkret vorstellbaren „Gesellschaft" der liberalen Theorie zur nebulosen „Rechtsgemeinschaft" hinzu.

Zwar ist der Konstitutionalismus, der Grundlage dieses Dualismus war, zusammengebrochen. Trotzdem ist das Gemeinwesen, das sich nun selbst regiert, noch schizophren aufgeteilt in den das Herrschaftsmonopol innehabenden Staat und die private Gemeinschaft des Rechts- und Geschäftslebens. In einer Demokratie kann der Satz, daß der Staat die Rechtsgemeinschaft als eine ihm gegenüber präexistente und ideell unabhängige Gemeinschaft anerkennt, keinen vernünftigen Inhalt haben.

Entsprechend der liberalen Theorie ist auch bei Isay der Staat auf seine bewahrende und friedenssichernde Funktion reduziert. Der Staat ist nur „Diener und Schützer des Rechts". Zwar distanziert sich Isay einmal verbal von der Auffassung, die dem Staat allein diese Aufgabe, die „Nachtwächterrolle" zuweisen will. Aber tatsächliche gesteht Isay dem Staat keine anderen Aufgaben zu. Seine gesamten Ausführungen laufen allein darauf hinaus, die Autonomie der Rechtsgemeinschaft und die Unverletzlichkeit der Individualsphäre zu rechtfertigen.

---

[3] Siehe *Hannover*, Politische Justiz, S. 176 ff. und die dort zitierten.

Für Isay erscheint die bürgerliche Gesellschaft — trotz der Reden von Integration, Gemeinschaft, überindividuelle Persönlichkeit — als Ansammlung von Individuen, die frei sind, zu tun und zu lassen, was sie wollen, deren Beziehungen durch das „Recht" geregelt sind und denen der Staat allein als Sicherung dieses Rechts und als Instrument zur Förderung der privaten „Glückseligkeit" dient.

Bei Isay taucht also das Programm des politischen Liberalismus Wilhelm von Humboldts fast unverändert wieder auf.

Isays Liberalismus ist freilich genausowenig egalitär und demokratisch wie sein Vorbild, der ursprünglich englische Liberalismus. Für Isay kommt es nicht darauf an, wer die Macht in wessen Interesse und mit welcher Legitimation ausübt. Demokratisch legitimiertes Parlament und autokratisches Regime werden auf eine Stufe gestellt, Sozialdemokratie und kaiserliches Gottesgnadentum unterschiedslos in einen Topf geworfen. Wichtig ist für ihn allein die Einschränkung der Staatsmacht. Teilhabe an ihr gewinnt nicht einmal in ihrer freiheitssichernden Funktion Bedeutung. Die Freiheit ist bei Isay nur negativ bestimmt, als gegen den Staat gerichtetes Abwehrrecht, nicht als politisches Anteilrecht am Gemeinwesen. Noch viel weniger ist bei Isay eine materielle Freiheit, die auf sozialer Gleichheit begründet wäre, gemeint. Vielmehr geht aus Isays wirtschaftsrechtlichen Schriften neben des Bekenntnis zur kapitalistischen Wirtschaftsordnung eine gewisse Nähe zu ständestaatlichem Denken hervor. Isay kämpft immer wieder für die Erhaltung des Mittelstandes, will heißen für die Konservierung ihres sozialen Vorsprungs vor den Arbeitern: Der „Stand der Patentanwälte" soll davor bewahrt werden, seine „Einheitlichkeit der Herkunft und Vorbildung" durch Aufnahme von Nichtakademikern zu verlieren. Die Erhaltung des Kleinunternehmertums ist „eine Lebensfrage des deutschen Volkes". Für Isay ist die kapitalistische Wirtschaftsordnung und die Gliederung der Gesellschaft in sozial ungleiche „Stände" undiskutierte Selbstverständlichkeit[4].

Das demokratische Element bürgerlichen politischen Denkens fehlt bei Isay völlig. Bezeichnend ist, daß er bei der Darstellung seiner staats- und gesellschaftstheoretischen Vorstellungen ohne eine einzige Erwähnung des Begriffs „Demokratie" auskommt. Die demokratische Komponente der traditionellen bürgerlichen Theorie ist verdrängt durch Anleihen bei den konservativen, organischen Staatslehren. Smends und E. Kaufmanns „Integration" ersetzt politische Repräsentation und demokratische Legitimation, „Gemeinschaft" verdeckt Klassenkonflikte. Isays Theorie ist somit liberal, aber nicht demokratisch.

---

[4] Vgl. oben 2. Abschn. 2.

Auch in seiner Ablehnung des Positivismus und dem Bekenntnis zu einem Recht, das jenseits der geltenden Gesetze zu suchen ist, folgt Isay der neuen antipositivistischen und rechtsidealistischen Richtung in der Staatsrechtslehre der Weimarer Zeit[5]. Die überwiegend liberale und republikanische Richtung in der Staatsrechtslehre der Weimarer Republik hielt am juristischen Positivismus und am Wertrelativismus fest, den sie als Voraussetzung einer pluralistischen, parlamentarisch verfaßten Demokratie ansahen. Dagegen vollzogen konservative Staatsrechtslehrer (z. B. C. Schmitt, E. Kaufmann, Smend, Triepel) eine Wendung hin zu wertbetonenden, rechtsidealistischen Theorien. Nun, da die Arbeiterschaft an der staatlchen Willensbildung beteiligt und soziale Veränderung im Wege der Gesetzgebung nicht auszuschließen war, entdeckte man plötzlich, daß der im Kaiserreich gerade von Konservativen unbestrittene Gesetzespositivismus unhaltbar sei. E. Kaufmann hatte die Parole dieser neuen Richtung ausgegeben: „Der Staat schafft nicht Recht, der Staat schafft Gesetze und Staat und Gesetze stehen unter dem Recht[6]." Staat und Recht haben nun ihre Legitimität, ihre Übereinstimmung mit bestimmten transpositiven Werten nachzuweisen. Der Staat hat nach diesen Lehren die Einheit des Volkes, der Nation, der Gemeinschaft zu verwirklichen. Da das pluralistische System des Weimarer Parlamentarismus dies nicht vermochte, lag die autoritäre, ständestaatliche Umbildung des Verfassungssystems in der Konsequenz dieser Lehren.

Wenn Isay auch mit dem antipositivistischen Ansatz dieser Lehren übereinstimmt, so übernimmt er doch nicht deren antiliberalen und antiindividualistischen Tendenzen und bleibt fern von der weitverbreiteten Republikfeindlichkeit. „Volk" und „Nation", die mystischen Zentralbegriffe der Rechten, spielen bei Isay keine Rolle. Ist seine Theorie auch nicht demokratisch, so läßt sie doch keinen Zweifel daran, daß eine autoritäre Gesellschaftsordnung mit ihr unvereinbar ist. Der Obrigkeitsstaat, der starke Staat, dem die Konservativen zustreben, wird von Isay vehement abgelehnt. Die Weimarer Republik und die Revolution von 1918 erkennt er als Fortschritt an, verketzert sie nicht. Von „wesensfremden, aufgezwungenem System" und vom „Dolchstoß" ist bei ihm nie die Rede. Gegen die mystischen Gemeinschaftsideologien der Zeit verteidigt Isay den Individualismus.

Zwar bedient er sich des gängigen Vokabulars von „Gemeinschaft", „Führer"[7], „Integration", aber inhaltlich bekennt er sich unzweideutig

---
[5] Vgl. dazu *Bauer*, Wertrelativismus, S. 22 u. passim; *Sontheimer*, Antidemokratisches Denken, S. 79 ff. (1926).
[6] *E. Kaufmann*, Gleichheit, S. 20.
[7] Dazu unten II., 6.

zu einem klassischen Liberalismus und Individualismus. Der republikfeindlichen und antiliberalen Strömung hat sich Isay zwar teilweise terminologisch, aber nicht inhaltlich angepaßt. Wohl ist seine Theorie vordemokratisch, aber nicht explizit antidemokratisch.

Nach den staats- und gesellschaftstheoretischen Vorstellungen Isays ist deutlich, daß für ihn Recht nicht durch Interessenausgleich und rationale Diskussion herstellbar und feststellbar sein kann, daß das Recht aber auch nicht aus autoritärem Befehl entstehen kann. Auch die Funktion, die eine Rechtstheorie zu erfüllen hat, hat Isay schon angesprochen: Sie hat dem deutschen Juristen eine „gesicherte Weltanschauung" zu geben, von der aus er Gesetze des Parlaments, die nicht liberalen Grundsätzen entsprechen, verwerfen kann.

II. Die Rechtsgefühlstheorie

1. Vorbemerkung

Wie ist nun dieses überpositive Recht beschaffen? Für Isay ist klar, daß ein Rückgriff auf das rationale Naturrecht nach Kritizismus und Historismus nicht mehr möglich ist. Einer neuhegelianischen Herleitung der Rechtsidee steht Isays individualistischer Liberalismus im Wege. Isay knüpft an zwei damals moderne Entwicklungen in Rechtswissenschaft und Philosophie an: Die Widerlegung der begriffsjuristischen Rechtsanwendungstheorie durch die Freirechtslehre und die phänomenologische Wertlehre. Die freirechtlichen Gedanken erfahren bei Isay eine letzte Überspitzung, indem er die völlige normunabhängige Entstehung der Entscheidung behauptet und sich Recht für ihn nur noch in konkreten Entscheidungen manifestiert. Die Grundlagen, die „Quellen" der Entscheidung konstituieren damit gleichzeitig das Recht. Diese Grundlagen bestimmt Isay durch Rückgriff auf die phänomenologische Wertlehre. Die Phänomenologie liefert Isay auch die Methode für seine Untersuchungen. Mit diesem Vorgriff soll deutlich gemacht werden, daß bei Isay Rechtstheorie und Entscheidungstheorie eng miteinander verknüpft sind, daß bei ihm die Theorie vom Rechtsgefühl mit der Untersuchung der Entscheidung verwoben ist.

2. Methodologische Voraussetzungen

Isay wendet sich gegen die „rein rationale (intellektuale) Betrachtungsweise des Rechtslebens" (S. 39). „Der Anspruch der rationalen Philosophie, daß alle Erkenntnis lediglich durch den Verstand vermittelt werden könne, kann nicht entschieden genug zurückgewiesen werden" (S. 41). Dem rationalen Denken, das mit Begriffen und logischen Ableitungen arbeitet, steht gegenüber „das irrationale (alogische, emotionale) Denken, das also auf Gefühl und Willen (Strebungen, Wollungen) beruht" (S. 34). Für die von der Rechtswissenschaft zu leistende Systematisierung erkennt er die Berechtigung rationalen Denkens an. Für die Erkenntnis der Bewußtseinserlebnisse, aus denen und auf denen sich das Recht aufbaut, kommt aber nur die phänomenologische Forschungsmethode der unmittelbaren „Anschauung" und des „Verstehens" in Betracht. Nur die Methode der Phänomenologie, wie sie von E. Husserl, M. Scheler, N. Hartmann und Th. Litt entwickelt wurde, kann ermitteln, „was *im* Fühlen, *im* Wollen sich an *Ideengehalten*, an *Wertgehalten* uns erschließt" (S. 41).

Dies gilt besonders für die Entscheidung: „Das Wesen der Entscheidung läßt sich aber nicht rational erfassen; sie entsteht nicht auf dem Wege rein logischen Denkens und enthält wesentlich irrationale (alogische) Elemente" (S. 40).

„Die Entscheidung ist ein Erlebnis des menschlichen Bewußtseins. Erst die phänomenologische Philosophie hat sich darauf besonnen, daß eine philosophische Betrachtung der Bewußtseinserlebnisse mit ihrer unbefangenen ‚Anschauung' beginnen müsse" (S. 40).

Der „Wesenslehre" der Phänomonologie mißt Isay für die Erkenntnis der Rechtsintitutionen und -begriffe keine Bedeutung zu. Nur ihre Methode hält er für unentbehrlich und der rationalen Philosophie überlegen. Auch die Institution im Sinne Bergsons wird in anderem Zusammenhang als eine zwar begrifflich nicht faßbare, aber ganz reale „eigenartige geistige Kraft" anerkannt.

Die Ablehnung rationaler Betrachtungsweisen und die Hinwendung zum „irrationalen Denken" entsprach der irrationalistischen Geistesrichtung, die seit Beginn des 20. Jh. und besonders im Nachkriegsdeutschland immer stärkeren Einfluß gewann[8].

Grundmotive dieses meist aus der Philosophie Nietzsches, Diltheys und Bergsons gespeisten Irrationalismus sind die Herabsetzung von Verstand und Vernunft, kritiklose Verherrlichung der Intuition, aristokratische Erkenntnistheorie, Ablehnung des gesellschaftlich geschichtlichen Fortschritts, Schaffen von Mythen usw.[9]

---

[8] Zur Entwicklung und Bedeutung des Irrationalismus in der Rechtswissenschaft: *Schwinge*, Irrationalismus (1938), zum politischen Irrationalismus: *Sontheimer*, Antidemokratisches Denken; umfassend und grundlegend zur Geschichte und den Ursachen: *Lukács*, Zerstörung; vgl. dazu auch *Th. Mann*, Deutsche Ansprache, ein Appell an die Vernunft (1930), XII, S. 533 ff.

[9] *Lukács*, Zerstörung der Vernunft, S. 10.

O. Spengler, Klages und die Gebrüder Jünger waren die populärsten Propheten der neuen Geistesströmung. Die „Verzweiflung als Massenstimmung", hervorgerufen durch den „Verlust der Sekurität der sozialen und individuellen Existenz, in der Mittelschicht in erster Linie in der Intelligenz" machte in den zwanziger Jahren das Bürgertum für den Irrationalismus empfänglich[10]. Der Irrationalismus kennzeichnete die antidemokratische Ideenbewegung in der Weimarer Republik, er war die geistige Grundlage der gegen Demokratie und Liberalismus gerichteten „konservativen Revolution"[11].

„Im antidemokratischen Denken erhielt der Irrationalismus — jenes hervorstechende Phänomen der geistigen Wende zu Beginn dieses Jahrhunderts — seine politische Form[12].

Isay begibt sich mit seiner Ablehnung der Vorherrschaft des „Intellekts" der „rationalen Betrachtungsweise" in die unmittelbare Nähe dieser Geistesströmung. Allerdings fehlt bei Isay jene völlige Verächtlichmachung und gänzliche Ablehnung des Geistes und des Verstandes schlechthin, die Verherrlichung des Lebens, die Versenkung in den Mythos, das Verlangen nach Innerlichkeit, die die vulgäre Lebensphilosophie kennzeichnet. Isay beruft sich an keiner Stelle auf die populären Lebensphilosophien wie Klages oder die Gebrüder Jünger — O. Spengler wird lediglich kurz und ablehnend zitiert —, auch Nietzsche, der zum Schutzpatron aller Lebensphilosophien avancierte, wird von Isay mit Nichtachtung gestraft[13]. Isay bezieht sich allein auf die irrationalistischen Erkenntnismethoden der Phänomenologie und Bergsons Theorie von der Institution. Der von Isay vertretene Irrationalismus ist bei ihm keine umfassende Weltanschauung im Sinne der Lebensphilosophie, sondern bezieht sich zunächst darauf, *neben* dem Verstand auch weitere Erkenntnisquellen zu behaupten. Die irrationale Tendenz bei Isay kann also nicht ohne weiteres mit dem lebensphilosophischen Irrationalismus gleichgesetzt werden. Schon der Rückgriff auf M. Scheler und N. Hartmann, deren Werthierarchien nichts mehr mit der Lebensphilosophie gemein haben, zeigt, daß es Isay gerade nicht auf eine „Umwertung aller Werte", eine Zerstörung des traditionellen abendländischen Humanismus im Namen des Lebens ging, wenn er sich gegen den Rationalismus aussprach. Allerdings unterscheidet sich Isay mit seinem ausdrücklichen Irrationalismus von den Freirechtlern.

---

[10] *Sontheimer,* Antidemokratisches Denken, S. 61 ff.
[11] Zur Ideengeschichte des antidemokratischen Denkens vgl. *Mohler,* Konservative Revolution.
[12] *Sontheimer,* Antidemokratisches Denken, S. 45.
[13] *O. Spengler* ist zitiert auf S. 167, 254. Daß Isay die anderen Philosophen überhaupt nicht zitiert, weist angesichts der außerordentlichen starken Verarbeitung zeitgenössischer Philosophie auf Ablehnung hin.

Zwar sind auch bei ihnen Tendenzen in ähnlicher Richtung nicht zu verleugnen — so erinnert die Hervorhebung des Lebens gegenüber Gesetz und Dogmatik durch die Freirechtler an die Lebensphilosophie, und bei Kantorowicz finden sich anfangs antirationale Äußerungen[14]. Aber die Freirechtler hatten bis dahin nie den Irrationalismus zur Grundlage ihrer Arbeit gemacht. Sie bemühten sich im Gegenteil darum, die Probleme der Rechtstheorie mit Hilfe von Psychologie und Soziologie rational und wissenschaftlich zu lösen.

3. Recht, Rechtsnorm, Entscheidung

Recht, Rechtsnorm und Entscheidung werden bei Isay neu definiert.

Den neukantianischen Ansatz Kelsens, den Begriff des Rechts unter Ausschluß der Erfahrung rein a priori zu bestimmen, lehnt er ab "S. 2).

Ausgangspunkt seiner Erörterungen ist der „vorwissenschaftliche" Satz: „Aufgabe des Rechts ist die Ordnung (Regelung) des äußeren Verhaltens der Menschen zum Zwecke ihres Zusammenlebens in einer Gesellschaft" (S. 3).

Rechtsnorm und Entscheidung sind die beiden Arten, auf die diese Regelung — d. h. die Forderung eines bestimmten äußeren Verhaltens bei Vorliegen eines bestimmten Tatbestandes — erfolgen kann. Nämlich einmal im voraus für einen abstrakt gefaßten Tatbestand (Rechtsnorm), zum anderen nachträglich für einen bereits historisch konkreten Tatbestand mit seinen sämtlichen Merkmalen (Entscheidung).

Entscheidung ist also für Isay „die *nachträgliche* Regelung des individuellen (historischen) Falles". „Jede nachträgliche Regelung eines Einzelfalles (soll) darunter verstanden werden, ganz gleich, ob sie von einem staatlichen Organ oder einer Partei oder ihrem Berater oder auf Grund von Vereinbarung oder durch die Rechtswissenschaft gefunden wird" (S. 16). Die Rechtsnorm dagegen regelt einen „generellen, d. h. abstrakt (begrifflich) bestimmten (hypothetischen) Tatbestand" im voraus.

Zwischen Norm und Entscheidung sieht Isay einen scharfen wesensmäßigen Gegensatz: „Die Rechtsnorm ist etwas Fertiges, Vergangenes, Unbewegliches, Statisches. Die Entscheidung entsteht aus der zentralen Tiefe der sittlichen Persönlichkeit, die Norm dagegen ist die *Verneinung* der Persönlichkeit" (S. 26).

Wenn dieser im wesentlichen formalen Begriffsbestimmung für Isays Theorie auch letztlich keine zentrale Bedeutung zukommt, so kann

---

[14] Besonders in, Gnaeus Flavius (Kantorowicz), Der Kampf ums Recht.

doch an einigen auffälligen Einwänden nicht vorbeigegangen werden. Die Merkmale „im voraus" und „nachträglich" sowie „abstrakt" und „konkret" erscheinen nicht für alle Fälle geeignet, Rechtsnorm und Entscheidung zu unterscheiden. Es gibt zahlreiche Gesetze, die sich auf vergangene abgeschlossene Tatbestände beziehen. In der Weimarer Republik hatte Isay die Aufwertungsgesetze und die Amnestiegesetze nach Kapp-Putsch und Ruhr-Aufstand vor Augen. Auch Einzelfallgesetze gab es schon damals. Die gefällte Entscheidung ist wie die Rechtsnorm etwas Fertiges, Statisches — der Bildung der Norm andererseits, etwa im Parlament, kann nicht abgesprochen werden, ein „dynamischer, ein Erlebnisvorgang" zu sein.

Isay kontrastierte nur umgekehrt, nämlich Entscheidungsbildung und bereits gebildete Norm.

Die an E. Kaufmann anknüpfende Bemerkung über die Verneinung der Persönlichkeit durch die Norm erscheint nicht einmal von ihrem Selbstverständnis her — dem Mythos von der hervorragenden individuellen Persönlichkeit — plausibel. Will Isay damit auch Lykurg, Solon, Zoroaster, die er selbst als große und bedeutende Gesetzgeber rühmt, Persönlichkeit absprechen?

Hatte Isay zunächst Norm und Entscheidung als die zwei Arten der rechtlichen Regelung dargestellt, so macht er schon bald den absoluten Vorrang der Entscheidung in seiner Theorie deutlich und schränkt die Bedeutung der Norm erheblich ein. Isays Auffassung von der Entstehung der Normen kehrt den rigiden Dualismus der damals herrschenden Rechtstheorie vom Verhältnis zwischen Norm und Entscheidung radikal um: Normen werden induktiv aus Entscheidungen gewonnen, nicht Entscheidungen deduktiv aus Normen. „In Wahrheit ist die Entscheidung, wie sie geschichtlich gegenüber der Rechtsnorm das Frühere gewesen ist, auch logisch und genetisch das Prius: die Norm wird erst aus der Entscheidung oder, meistens, einer Reihe von Entscheidungen abgeleitet" (S. 184)[15].

Aus einer Gruppe von Einzelentscheidungen wird durch Abstraktion die Norm für diese Fallgruppe gewonnen. Sind keine Entscheidungen historischer Fälle vorhanden, so werden die Normen aus den hypothetischen Entscheidungen vorgestellter Fälle abgeleitet (S. 204). Daß Normen aus Begriffen, anderen Normen, der Natur der Sache oder den Gegebenheiten des Rechtslebens abgeleitet oder unmittelbar, d. h. ohne Einschaltung von Entscheidungen, „erschaut" werden könnten, hält er für unmöglich und nicht der Wirklichkeit entsprechend (S. 149, 184, 205). Alle Normen sind für Isay wesensgleich, sie unterscheiden sich nur

---

[15] Vgl. auch S. 149, 165 f., 177.

durch die normsetzende Stelle, d. h. durch die Stelle, die die Ableitung vornimmt, und dementsprechend die Durchsetzungskraft. Die staatlichen Gesetze, Gewohnheitsrecht und die von der Rechtsprechung und Rechtswissenschaft aufgestellten Normen stehen insofern auf der gleichen Stufe (S. 186 ff.). Daraus, daß fast nie die Regelung eines konkreten Falles, unmittelbar der Norm entnommen werden kann, sondern es immer erst einer selbständigen geistigen Tätigkeit, der Entscheidung, bedarf, folgert Isay:

„Wenn das Recht die Aufgabe hat, die äußeren Beziehungen der Mitglieder der Gemeinschaft im individuellen Einzelfall zu regeln, und wenn diese Regelung *noch nicht* durch die Rechtsnormen, sondern *erst* durch die Entscheidungen erfolgt, so ergibt sich unabweisbar die Folgerung: *das Recht wird nicht durch die Gesamtheit der Normen, sondern durch die Gesamtheit der Entscheidungen dargestellt*" (S. 29).

Diese Auffassung — Recht als Gesamtheit der Entscheidungen — ähnelt der Ehrlichs, den Isay auch als bisher einzigen Vertreter dieser Meinung aufführt. Freilich erscheint Isays Schlußfolgerung etwas willkürlich, da er die Aufgabe des Rechts nun auf das reduziert, was er vorher als Wesen der Entscheidung annahm, und nun nichts mehr davon wissen will, daß die „Regelung" auf zwei Arten, nämlich im voraus und im nachhinein erfolgen kann.

Der Entscheidung kommt also in Isays Theorie zentrale Bedeutung zu. Dieser Begriff spielte in der Ideenwelt der Weimarer Zeit eine maßgebliche Rolle[16]. Insbesondere Carl Schmitt hatte den Begriff der Entscheidung in den Mittelpunkt seines Philosophierens gestellt[17]. Der „Dezisionismus" übte als antidemokratische und antiliberale Ideologie starken Einfluß aus auf die Intellektuellen der Zeit. Bei der Wortwahl mag Isay hiervon beeinflußt gewesen sein. Inhaltlich sieht er selbst keine Übereinstimmung mit C. Schmitt, da dieser gerade den Willensakt der Normsetzung als Entscheidung bezeichnet (S. 33)[18]. Auch ist bei Isay die Entscheidung nur auf konkrete Situationen und individuelle Sachverhalte bezogen, umfaßt also nicht politische Grundentscheidungen, nicht die Dezision über Ordnungen.

Ausgeklammert bei der Erörterung der Isayschen Begriffe wurde bisher, daß Isays Definitionen nicht formal bleiben, sondern bereits ein materielles Element enthalten. Rechtsnorm und Entscheidung werden definiert als Regelungen „durch das Recht" und dadurch unterschieden von sonstigen Normen und Entscheidungen. „Aber nicht jede

---

[16] Dazu ausführlich: *Sontheimer*, Antidemokratisches Denken, S. 327 ff.
[17] *C. Schmitt*, Politische Theologie, S. 11 u. ö., Verfassungslehre, S. 23 ff.
[18] Vgl. Fußnote 2.

Regelung ist, wie nicht bewiesen zu werden braucht, eine Regelung *durch das Recht*. Dazu gehört, daß die *Verknüpfung* zwischen Tatbestand und Folge durch diejenigen Quellen erfolgt, welche allein Recht erzeugen können, nämlich durch das *Rechtsgefühl* entweder allein oder in Verbindung mit der „praktischen Vernunft" (S. 5)[19].

Mit diesem materiellen Erfordernis grenzt Isay die Normen des Rechts ab von denen der Religion. Der Moral, der Sitte und der „bloß tatsächlichen Macht" (S. 6). Es ist aber auch die Grundlage für eine Differenzierung zwischen Rechtsnorm und Gesetz. „Für die Rechtsnormen ist die Verknüpfung von Tatbestand und Folge *auf Grund des Rechtsgefühls* wesentlich. Für das Rechts*gesetz* ist allein wesentlich die Verknüpfung *durch den Willen* der höchsten Macht in der Gemeinschaft, der gesetzgebenden Macht" (S. 9). „Gesetz" ist nur ein formaler Begriff, der nichts weiter besagt, als daß eine Norm vom Gesetzgeber formuliert wurde. Rechtsnormen werden definiert durch ihre Übereinstimmung mit dem Rechtsgefühl. Ein Gesetz kann — muß aber nicht — eine Rechtsnorm sein und umgekehrt (S. 9).

Diese Unterscheidung entspricht Isays Trennung zwischen Staat und Rechtsgemeinschaft, zwischen Macht und Recht. In der konservativen Staatsrechtslehre wurde eine derartige Unterscheidung von Marschall von Bieberstein mit seiner Lehre von Rechtsnorm und (formaler) Richtungsnorm schon früher vertreten und ist auch in E. Kaufmanns oben erwähntem Spruch vom Staat, der Gesetze macht, aber unter dem Recht steht, angelegt[20].

4. Das Rechtsgefühl

Entscheidung und Rechtsgefühl sind also die zentralen Begriffe der Rechtstheorie Isays. Recht ist die Gesamtheit der Entscheidungen, die Entscheidung ist als eine „Regelung im voraus" definiert, die auf dem Rechtsgefühl basiert. Obwohl somit Entscheidungen schon per definitionem auf dem Rechtsgefühl beruhen, bemüht sich Isay auch methodenkritisch und unter Verweis auf die tägliche Lebenserfahrung um den Nachweis, daß Entscheidungen nicht durch Ableitung aus Normen, sondern irrational, auf Grund des Rechtsgefühls, entstehen. Hierauf wird im Abschnitt über Isays Lehre von der Urteilsfindung einzugehen sein.

Verfehlt wäre es nun aber, anzunehmen, Isay leitete seine Theorie vom Rechtsgefühl aus der Definition des Rechts als Gesamtheit der Ent-

---

[19] Hierzu auch die Anmerkung (9) *Isays:* „Wenn im folgenden von „Rechtsgefühl" gesprochen wird, so ist also immer hinzuzudenken: entweder allein oder in Verbindung mit der praktischen Vernunft."

[20] *Marschall von Bieberstein*, Vom Kampf des Rechts gegen die Gesetze, 1927.

scheidungen und dem Befund von der Entstehung der Entscheidung aus dem Rechtsgefühl ab; daß also das Rechtsgefühl, nur weil und insofern es Grundlage der Entscheidung ist, Bedeutung gewinnt und allein aus diesem Grund „Quelle des Rechts" wird.

Grundlage für Isays gesamte Theorie vom Recht ist vielmehr das Rechtsgefühl: Das Rechtsgefühl ist „die Quelle ..., welche allein Recht erzeugen" kann (S. 5), „die einzige feste Grundlage des Rechts". Nicht nur die Entscheidung, auch die Rechtsnorm ist eine Regelung „durch das Recht, d. h. durch das Rechtsgefühl und die praktische Vernunft" (S. 5, S. 251).

Das Rechtsgefühl ist für Isay also nicht einfach ein Entscheidungselement, sondern Substanz des Rechts schlechthin. Die Theorie vom Rechtsgefühl ist nicht abgeleitet aus einer Entscheidungsfindungstheorie und lediglich eines ihrer Bestandteile, sondern von ihr ist Isays Rechtsfindungstheorie abhängig und ihrer Rechtfertigung dient sie[21].

Eine begriffliche Definition oder verstandesmäßige Analyse des Rechtsgefühls lehnt Isay freilich entsprechend seinem methodischen Ansatz ab. Gefühle sind einer rationalen Betrachtung überhaupt nicht zugänglich: „Das Rechtsgefühl, als unmittelbar auf Werte und auf Handlungen und Zuständlichkeiten als Träger von Werten gerichtet, läßt sich in seiner Wesenheit nur erschaubar machen, nicht definierbar" (S. 92 Fn. 18). Das Rechtsgefühl „reagiert unmittelbar nur in Entscheidungen" (S. 185). Am „Wesen der Entscheidung" wird bei Isay somit auch am deutlichsten, wie er das Rechtsgefühl versteht. „Sie (scil. die Entscheidung) ist das Wollen der Realisierung der durch ein Fühlen gegebener Werte, nämlich der Realisierung der vorgestellten Ordnung, die der Träger dieser Werte ist. Als Werte, die die Entscheidung realisieren will, kommen folgende beiden in Betracht: die *Gerechtigkeit* und die *Nützlichkeit*" (S. 56). Die Werte sind aber für den Verstand nicht erfaßbar, der Verstand ist „wertblind". „Der Erlebnisvorgang, der einen Wert unmittelbar wahrnimmt (zur Gegebenheit bringt), ihn erschaut, ist ein *Fühlen*" (S. 57). Rechtsgefühl und Nützlichkeitsgefühl sind nun die Gefühle, die die Werte Gerechtigkeit und Nützlichkeit „zur Gegebenheit bringt" (S. 57).

Das Rechtsgefühl ist somit als „Wertfühlen" im Sinne Schelers dargestellt, auf den sich Isay immer wieder beruft.

---

[21] Aus diesen Ausführungen ergibt sich — neben den darstellungsökonomischen Gründen — die inhaltliche Berechtigung, die bei Isay verzahnten Gebiete der Rechtsgefühlstheorie und der Theorie der irrationalen Rechtsfindung getrennt und nacheinander zu behandeln. Daß meist nur letztere in der Diskussion Isays Beachtung fand, kann dagegen kein Einwand sein.

Voraussetzung und Grundlage dieser Theorie ist die Überzeugung von der Existenz absoluter Werte. Isay begründet diese Annahme nicht weiter, sondern übernimmt sie undiskutiert von der phänomenologischen Wertphilosophie Schelers und Hartmanns.

Werte haben nach seiner Auffassung ein ideales (irreales) Sein und stehen in einer bestimmten Rangordnung, für deren Ausgestaltung Isay nur auf Ausführungen Schelers und Hartmanns verweist (S. 54 ff.).

Auch über die Art und den Inhalt der genannten Werte findet sich wenig. Es sind geistige Werte, auf die das Rechtsgefühl gerichtet ist:

„Das sind einerseits die Werte, welche das Individualgefühl erfaßt, also die Würde der Persönlichkeit, der Schutz der Individualsphäre (Freiheit, Familie, Sprache, Religionsausübung, Eigentum, Urheberrechte usw.), andererseits die Werte, die das Gemeingefühl erfaßt, also Gleichheit, Rechtssicherheit, Staatsbestand, nationale Würde, Verkehrssicherheit usw." (S. 120).

Verstöße gegen das Rechtsgefühl, also Negation des Wertes Gerechtigkeit, sieht er in der „Überspannung" der Steueranforderungen und in den Zwangswirtschaft seit dem Ende des I. Weltkriegs, in der Verteidigung der „Mark gleich Mark" These durch den Staat und in zwei Gesetzen, die die Entschädigung von Vermögensverlusten in Folge des Kriegs regelten (S. 110, 216, 219). Indem Isay das Rechtsgefühl auf bestimmte absolute, transpositive Werte bezieht, nimmt seine Theorie naturrechtlichen Charakter an. Die transpositive Wertordnung ist bei ihm nicht nur materielles Kriterium, an dem positives Recht zu messen ist, sondern alleinige Quelle des Rechts überhaupt. Recht entsteht und existiert ja überhaupt nur in Form von Entscheidungen, die diese Werte realisieren. Anders als das rationale Naturrecht postuliert Isay kein objektives überpositives Rechtssystem, das aus verstandesmäßig erkennbaren Normen besteht. Bei ihm ist nur im konkreten Einzelfall ein irrationales „Erfühlen" der absoluten Werte für das einzelne Individuum möglich. Isays Rechtstheorie ist somit der Versuch einer irrationalistischen Naturrechtslehre. Recht wird nicht kollektiv geschaffen, sondern individuell erschaut.

Die Werte, die im Rechtsgefühl „gegeben" sind, sind die des bürgerlichen Humanismus und Liberalismus. Gesellschaftlicher Fortschritt, ökonomische Gleichheit, Demokratie, Solidarität, Streikrecht und ähnliches haben offensichtlich keinen Raum in diesem Wertsystem. Für Isay, der, wie seine Schriften zum Wirtschaftsrecht zeigten, stets mit den Interessen des mittelständischen Bürgertums und Unternehmertums sich identifizierte und der diesem Bürgertum nach Herkunft und sozialer Lage selbst angehörte, sind dies geradezu Unwörter. Sie stehen seinem Denken fern, in seinen Schriften verwendet er sie nie.

Betrachtet man die von Isay genannten Beispiele für Verstöße gegen das Rechtsgefühl durch die Gesetzgebung, so zeigt sich, daß es dabei stets um die Beeinträchtigung der ökonomischen Interessen des Besitzbürgertums geht. Die „Überspannung der Steueranforderungen" — Anfang 1929 stand wieder eine Erhöhung der Einkommens- und Erbschaftssteuer zur Diskussion[22] — traf in erster Linie die bürgerliche Mittel- und Oberschicht. In der Aufwertungsfrage ging es um das Interesse des Besitzbürgertums, ihre Vermögen durch die Inflation zu retten[23]. Die von Isay erwähnten Gesetze waren nur für größere Vermögen von Bedeutung und schränkten die Pflicht des Staates ein, sie durch Schadensersatz für Kriegsschäden und -verluste wiederherzustellen. Isays „absolute Werte" sind somit die Wertvorstellungen und die ökonomischen Interessen des Bürgertums, Ihr „Allerheiligstes" ist das Eigentum. Indem er dieses Wertsystem zur Substanz allen Rechts macht, wird Recht identisch mit den Wertvorstellungen und ökonomischen Interessen eines an Liberalismus und Privatkapitalismus orientierten Bürgertums.

Wesentlich stärkeres Gewicht als auf die Darstellung der Werte legt Isay auf die Begründung der Selbständigkeit des Rechtsgefühls und die Analyse seiner Komponenten.

Gegenüber der bis dahin unreflektierten und philosophisch wenig fundierten Verwendung der Begriffe Rechtsbewußtsein, Rechtsinstinkt, Rechtsgefühl, sucht Isay die Besonderheit seines Begriffes darzustellen.

Für ihn ist das Rechtsgefühl „nicht ein Akt der Vorstellung, kein intellektualer, auf gegenständiger Erfahrung beruhender Bewußtseinsakt, sondern ein reines Apriori" (S. 57). So wendet er sich auch gegen die Auffassung Riezlers, das Rechtsgefühl entstehe allmählich aus Vorstellungen, die erst durch die Lebenserfahrung erworben würden. Er betont, „daß das Rechtsgefühl in dem hier gemeinten Sinne *genau ebenso angeboren ist,* wie das *sittliche Gefühl,* von dem niemand gewagt hat, dies zu bestreiten; beide stammen aus der gleichen Wurzel;

---

[22] Am 14. März 1929 schlug Finanzminister Hilferding (SPD) dem Reichstag die Erhöhung der Erbschafts- und Vermögenssteuer vor. Neue finanzielle Lasten waren schon vorher auf Grund der Haushaltsdefizite des Reichs 1926/27 zu erwarten. Daß dies nicht am Bürgertum spurlos vorübergehen würde, war zu erwarten nach der Übernahme der Regierung durch die SPD 1928.
[23] Vgl. die Darstellung der ökonomischen Interessen und der zeitgenössischen Argumentation zur Aufwertungsfrage bei *Riebschläger,* Freirechtsbewegung, S. 84 ff.

dem Zentrum der sittlichen Persönlichkeit" (S. 90). Voraussetzung für das Rechtsgefühl ist das Leben des Menschen in einer Gemeinschaft: „es handelt sich nicht um ein Gefühl des isolierten Individuums, sondern des Einzelnen als Glied einer Gemeinschaft" (S. 97).

Isay beschreibt nun die historische Entstehung und Entwicklung des Rechtsgefühls. „Aus diesen Wurzeln entsteht das Rechtsgefühl: einmal aus dem Gefühl, welches das individuelle Ich in seiner Besonderung als Träger von Werten erfaßt, dem Individualgefühl, und ferner aus dem Gefühl, das die Gemeinschaft und ihre Beziehungen als Träger von Werten erfühlt, und das als Gemeingefühl bezeichnet werden soll" (S. 98). Seinen Ausdruck findet das Gemeingefühl in dem Grundsatz der Gleichheit, das Individualgefühl in dem der Freiheit (S. 101). Das Gemeingefühl ist geschichtlich das ältere Gefühl. Später erst hat sich das Individualgefühl unter dem geistigen Einfluß der Stoa und des Christentums und mit der Ausbildung des Privateigentums allmählich entwickelt (S. 99 ff.).

„Gemeingefühl und Individualgefühl stellen von da ab in der Geschichte der Kultur des Abendlandes die beiden Pole dar, zwischen denen das Pendel nicht nur der politischen Entwicklung, sondern auch der Rechtsentwicklung ausschlägt" (S. 101).

Solange es aber nicht zu einer „Synthese" zwischen beiden Gefühlen gekommen ist, sondern eines von beiden noch vorgeherrscht hat, existierte ein „Rechtsgefühl im heutigen Sinne" noch nicht. Dieser Ausgleich ist dann als Ergebnis einer langen geschichtlichen Entwicklung zuerst in England erfolgt und hat dort zur Entstehung des modernen Rechtsstaats geführt (S. 104). Mit „Synthese" meint Isay allerdings keine Aufhebung des Widerspruchs zwischen beiden Gefühlen im nunmehr entstandenen Rechtsgefühl: „Das Individualgefühl und das Gemeingefühl sind zwar miteinander verbunden, aber nicht zu einem einheitlichen Gefühl verschmolzen. Daher ist auch zwischen ihnen ein Widerspruch möglich" (S. 58). Isay hat das Rechtsgefühl somit als ein Produkt geschichtlicher Entwicklungen dargestellt, als ein Gebilde, das aus zwei Bestandteilen entsteht, zwischen denen zudem noch ein Widerspruch möglich ist. Andererseits hatte er das Rechtsgefühl als angeboren, als ein „reines Apriori" bezeichnet.

Erscheint dies schon widerspruchsvoll genug — das Rechtsgefühl als unabgeleitet und angeboren anzusehen, wenn gleichzeitig die Entstehung der „Komponente" Individualgefühl mit der Entstehung des Privateigentums in Verbindung gesetzt und für die Entstehung des „Rechtsgefühls im heutigen Sinne" ein ganz bestimmter historischer Zeitpunkt angegeben wird — so führt Isay weiterhin aus, daß das Rechtsgefühl auch innerhalb der gleichen geschichtlichen Epoche je nach Kulturkreis, Rasse, Nationalität und Beruf verschieden geartet sei (S. 111). Kulturkreis und Beruf sollen dabei stärker „wirken", zu größerer Übereinstimmung des Rechtsgefühls führen als Rasse oder Nationalität. „Die Unterschiede des Rechtsgefühls zwischen Großstädtern und Landbevölkerung sind sicherlich vielfach größer als die zwischen deutschen und französischen Kaufleuten und Industriellen" (S. 112). Dies alles ändert für Isay nichts daran, daß das Rechtsgefühl angeboren ist: „Auch das sittliche Gefühl ist bei Negern ein anderes als das des Abendlandes, das sittliche Gefühl des griechischen Altertums ist ein anderes gewesen als das der modernen Welt. Trotzdem ist nicht zu bezweifeln, daß das sittliche Gefühl angeboren ist" (S. 112).

Dieser inhaltliche Widerspruch in Isays Darstellung — dem er durch die Berufung auf das sittliche Gefühl zu entgehen versucht — entspricht dem Widerspruch seiner tatsächlichen Darstellung zum angegebenen methodischen Ansatz.

Klarheit über das Wesen der Entscheidung und über das Rechtsgefühl wollte Isay ausdrücklich nicht durch rationale Überlegung und empirische Analyse gewinnen, sondern durch phänomenologische „Anschauung".

Nach der husserlschen Methode muß jeder Gegenstand, dessen „Schau" beabsichtigt ist, „in Klammern" gesetzt werden. Das heißt, von der Welt der natürlichen Einstellung muß abgesehen werden, um zu einer von der Frage der Realitätsgegebenheit unbelasteten „Schau" der objektiven „reinen Wesenheiten" zu gelangen, um diese in einer angeblich objektiven Form apodiktisch aussprechen zu können[24].

Bei Isay fehlt die von Husserl immer wieder geforderte gedankliche und methodische Disziplin — und in gewissem Maße ist auch hierin ein Einfluß Schelers zu sehen[25]. Von historischer und existenzialer Einklammerung, von eidetischer und transzendentaler Reduktion ist bei Isay nicht viel zu bemerken. Unbefangen greift Isay auf eigene und fremde Meinungen zurück. Er greift beispielsweise auf empirische Feststellungen und historische Hypothesen über das Rechtsgefühl zurück, er legt dessen Entstehungs- und Wirkungsgeschichte dar. Daß es sich um Einsichten handelt, die durch phänomenologische Methode gewonnen wurden, sind nur am apodiktischen Charakter der Wesensdefinitionen deutlich. Mit der Ausdehnung der phänomenologischen Methode von formallogischen Problemen auf konkrete gesellschaftlich-geschichtliche Erscheinungen, wie sie insbesondere von Scheler begon-

---

[24] Zur phänomenologischen Wesensschau *Stegmüller*, Hauptströmungen, S. 70 ff.; *Lukács*, Zerstörung der Vernunft, S. 379 ff.
[25] Zu Schelers angewandter Phänomenologie, *Stegmüller*, Hauptströmungen, S. 130.

nen und populär gemacht wurde, wird deutlich, wie sehr die Phänomenologie irrationalistische Tendenzen zumindest begünstigt. Das Problem der Objektivität stellt sich dieser Methode nun in voller Schärfe.

Bevor Isay eine „Wesensschau" des Rechtsgefühls durchführen konnte, mußte er die gedanklichen Abbildungen der objektiven Wirklichkeit, die das Phänomen „Rechtsgefühl" ausmachen, sammeln, vergleichen und von nicht dazu gehörigen (Racheinstinkt, sittliches Gefühl) unterscheiden: erst dann war er in der Lage, seine Wesensschau zu vollziehen. Analoges gilt für die Schau des Wesens der Entscheidung. Tatsächlich hat Isay also nicht die Wirklichkeit „in Klammern gesetzt", sondern ständig an sie appelliert.

Schon Lukács wies auf diesen Widerspruch in phänomenologischen Untersuchungen hin und urteilte über das „In-Klammern-Setzen" der Phänomenologie:

„darin (erhält) von Anfang an die subjektiv-idealistische irrationalistische Willkür einen Objektivität vortäuschenden Decknamen: nicht nur erkenntnistheoretisch, sondern auch konkret-inhaltlich wird die Beziehung der Vorstellung zur objektiven Wirklichkeit zerstört, wird eine „Methode" geschaffen, die den Unterschied zwischen wahr und falsch, zwischen notwendig und willkürlich, zwischen wirklich und bloß erdacht verwischt, ja zunichte gemacht[26]." Die phänomenologische Methode ermöglicht so, daß das Wesen der Wirklichkeit durch die subjektiven Vorstellung bestimmt wird.

Dieser subjektivitstische und irrationalistische Zug der Phänomenologie zeigte sich in krasser Form bei den vielen nationalistischen und reaktionären Populärphilosophen der Weimarer Zeit[27], bei denen von der Phänomenologie nur noch ein „wunderwebendes Wesenswirrwarr" übrig blieb.

Isay war im Gegensatz dazu immer bemüht, in Niveau und Methode den Untersuchungen Schelers nahe zu bleiben, seine Ergebnisse sucht er mit Schelers und Hartmanns Wertethik abzusichern. Deshalb kann Isay sicher nicht zu jener Sorte reaktionärer Schwätzer gerechnet werden, die die hirnrissigsten Spekulationen und die rückschrittlichsten Vorstellungen unter Berufung auf höhere Erkenntnis als neue Wahrheiten ausgaben.

Aber auch bei Isay zeigt sich, daß mit der angeblich objektiven „Wesensschau", was immer man will, zum „Erschauen" zu bringen ist.

---

[26] *Lukács*, Zerstörung der Vernunft, S. 384.
[27] Zum Mißbrauch der Phänomenologie im antidemokratischen Denken, *Sontheimer*, Antidemokratisches Denken, S. 62 und 75 ff.

Mit der Wesensschau gelingt es Isay unter anderem, das Eigentum vom subjektiven Recht zum absoluten Wert zu befördern, die Aufwertungsfrage aus einem ökonomischen Interessenkonflikt unmittelbar in eine Frage der emotionalen Werterkenntnis umzuwandeln. Isays Wertordnung ist eine Setzung, der beliebige andere entgegengestellt werden könnten. Eine rationale Kontrolle und Nachprüfbarkeit dieser Satzung durch logisch-diskursives Denken schließt er aber durch seine Methode selbst aus.

5. Das Nützlichkeitsgefühl

Nach Isays Theorie erfaßt das Rechtsgefühl allein den „Gerechtigkeitswert". Für das Erfühlen der Nützlichkeit ist das Nützlichkeitsgefühl zuständig. Bei diesem soll im Unterschied zum Rechtsgefühl auch der Verstand eine gewisse Rolle spielen. Zum einen ist das Nützlichkeitsgefühl im Gegensatz zum Rechtsgefühl von der Erfahrung beeinflußt, zum anderen läßt sich die Nützlichkeit einer Regelung nicht nur fühlen, sondern in gewissem Umfang auch verstandesmäßig erschließen (S. 59).

Als „praktische Vernunft" bezeichnet Isay deshalb „das auf den Nützlichkeitswert des Inhalts der Entscheidung gerichtete Bewußtseinserlebnis, in welchem nicht nur ein Wertfühlen, eben das auf den Nützlichkeitswert intentional gerichtete Fühlen, tätig ist, sondern in gewissem Umfang auch der Verstand" (S. 121).

Besondere Bedeutung haben die verstandesmäßigen Überlegungen für das Recht des modernen Wirtschaftslebens. Dort kommt es bei komplizierten Sachlagen oft vor, daß „das Wertgefühl schweigt" und nur noch verstandesmäßige Überlegungen weiterhelfen (S. 124 ff.). Ansonsten hat das Nützlichkeitsgefühl eine dem Rechtsgefühl analoge Zusammensetzung und Entwicklung (S. 127).

6. Der Richterstand

Isay hatte zugestanden, daß das Rechtsgefühl auch innerhalb einer Nation verschieden ist. Kann es nun noch ein verbindliches, einheitliches Rechtsgefühl der Gemeinschaft geben? Wer wäre als dessen Träger anzusehen? Wessen Rechtsgefühl soll also ausschlaggebend sein?

Die Lehre der historischen Schule vom „Volksgeist" und von der einem Volk einheitlichen „Rechtsüberzeugung" ist nach Isays Auffassung unrichtig: „Die Gemeinschaft als solche, die Masse, hat keine Seele, kein Bewußtsein, um wirklich als solche *ein* Bewußtseinserlebnis, *ein* Gefühl haben zu können" (S. 113).

Isay greift wieder zurück auf phänomenologische Untersuchungen.

Er nimmt an, daß es ein emotionales Gesamterlebnis, eine „Einsfühlung" im Sinne Schelers geben kann. Das in dieser Weise entstandene Gesamtgefühl kann aber niemals das Rechtsgefühl sein. Das Rechtsgefühl ist ein Einzelerlebnis des Individuums (S. 114). Das Gesamtgefühl ist ein Produkt der Masse, der zum „Herdentier" gewordenen Menschen. Als solches kann es nicht die Qualität und Tiefe des wahren Rechtsgefühls erreichen. Nur indem es in der Person eines Führers — in dessen Person die Einsfühlung nach außen in Erscheinung tritt — sublimiert wird, spielt es eine Rolle (S. 115). „In der Person des Führers geht das Rechtsgefühl der Gemeinschaft eine Verbindung mit dem individuellen Rechtsgefühl des Führers ein" (S. 115). Im modernen Staat stellt der Richterstand die Führer des Volkes auf dem Gebiet des Rechts. Auf ihr Rechtsgefühl kommt es also entscheidend an (S. 116).

Die Übereinstimmung von Isays Auffassung mit der Volksgeistlehre bleibt auffallend, wenngleich er die Begründung der historischen Schule ablehnt. Die Volksgeistlehre erscheint bei Isay im modischen Gewand der Führerideologie.

Der Mythos vom Führer gehörte zum wichtigsten Inventar des nationalsozialistischen, antidemokratischen Denkens[28]. Isay beruft sich allerdings nicht auf die ausgesprochen reaktionären Propheten des Führertums, sondern auf den charismatischen Herrschaftstypus Max Webers. An keiner anderen Stelle seines Werkes greift Isay auf diesen Mythos zurück. Die Begründung des Rechtserkenntnismonopols des Richterstandes mit der Führerideologie wirkt eher aufgesetzt. Das Abstruse dieser Ideologie wie auch ihrer Anwendung auf die Richter enthüllt sich an der Vorstellung etlicher tausend „Führer", die diese Stellung Staatsexamina und Ernennungsurkunde verdanken.

Erkenntnis von Recht ist bei Isay also nicht nur eine irrationale und individuelle Angelegenheit, sie ist außerdem noch auf eine kleine elitäre Gruppe eingeschränkt.

War das Rechtsgefühl schon inhaltlich allein auf die bürgerlich liberalen Wertvorstellungen und die Interessen der Besitzenden festgelegt, so kommt nun hinzu, daß es auch nur auf das Rechtsgefühl eines bestimmten Standes ankommen soll. Eines Standes nämlich, der nach seiner Herkunft und Zusammensetzung nur eine bestimmte Schicht, nämlich den bürgerlichen Mittelstand, repräsentierte.

---

[28] Vgl. dazu *Sontheimer*, Antidemokratisches Denken, S. 268 ff.

7. Das richterliche Prüfungsrecht

Die Frage des richterlichen Prüfungsrechts war in der Weimarer Republik stark umstritten. Liberale und republikfreundliche Juristen lehnten meist ein Prüfungsrecht der Gerichte gegenüber Gesetzen ab, die vom Parlament ordnungsgemäß erlassen waren. Die nationalsozialistische Rechte und viele Konservative forderten dagegen ein solches Prüfungsrecht als Kontrolle und Gegengewicht zum „Parlamentsabsolutismus"[29].

Isays Stellung in diesem Streit ergibt sich aus seiner Theorie: Über den staatlichen Gesetzen steht das im Rechtsgefühl erschaubare Recht. Nicht der Staat, nur das Rechtsgefühl kann bestimmen, was Recht ist. Staatliche Gesetze, die dem Rechtsgefühl widersprechen, sind kein Recht. Der Richter muß als „persönliche Integration" der Rechtsgemeinschaft dem Recht, d. h. seinem Rechtsgefühl folgen. In Isays Naturrechtslehre ist also ein richterliches Prüfungsrecht schon angelegt.

Für Isay handelt es sich nur noch darum, nachzuweisen, daß nach Verfassung und Gesetz ein richterliches Prüfungsrecht zulässig ist, daß der Richter nicht an das Gesetz, sondern an das Recht gebunden ist.

In einem rechtsgeschichtlichen Rückblick legt er dar, daß bisher alle Versuche der Gesetzgeber scheiterten, die Rechtsprechung an ihre Normen zu binden (S. 208). Wohl werde auch heute die Bindung der Richter an staatliche Gesetze und an das Gewohnheitsrecht gelehrt — tatsächlich aber nicht befolgt. „In der Wirklichkeit, in der Praxis findet der Richter, wenn er will, stets einen Weg, sich von der Bindung durch die Normen des Gesetzgebers wie des Gewohnheitsrechts freizumachen" (S. 207). Die Bindung des Richters an das Gesetz ist nach Isays Auffassung lediglich fiktiv.

Für ihn ist sie weder sachlich notwendig noch durch das Gesetz geboten, wie die allgemein herrschende Meinung behauptet.

Entscheidung und Norm sind „Integrationen"[30] der Rechtsgemeinschaft. Der Entscheidung als einem lebendigen Vorgang kommt dabei größere Bedeutung zu als der ihrer Natur nach starren Norm. Diese ist nur im Moment ihrer Fixierung wirklich Integration der Gemeinschaft und bleibt dies nur durch die ständige Nachprüfung an Entscheidungen (S. 211). Besonders bedürfen aber die Normen der Legis-

---

[29] Vgl. zur zeitgenössischen Diskussion: *F. Neumann*, Gegen ein Gesetz über Nachprüfung der Verfassungsmäßigkeit von Reichsgesetzen, in: Die Gesellschaft, Jg. 6 (1929) II, S. 17 ff.; vgl. auch neuerdings *Sontheimer*, Antidemokratisches Denken, S. 91 ff.; *Rosenbaum*, Naturrecht, S. 86 ff.
[30] Gemeint i. S. *Smends* als Lebensäußerung der Gemeinschaft, die sie als geistige Realität konstituiert.

lative als die Integrationen des Staates, nicht der Rechtsgemeinschaft, der ständigen Nachprüfung. „Der Beschluß der Volksvertretung über den Erlaß von Normen ist sehr häufig das Ergebnis von Interessenkämpfen, ebenso oft von Interessenverhandlungen — aber selten ein solches lediglich des Rechtsgefühls —" (S. 212).

Dem Artikel 102 der Weimarer Reichsverfassung und § 1 GVG, die den Richter als „unabhängig und dem Gesetz unterworfen" bezeichnen, legt Isay eine andere Bedeutung zu als die herrschende Lehre.

Er geht aus von seiner Differenzierung zwischen Gesetz und Rechtsnorm[31]. Der formale Gesetzesbegriff ist erst mit dem Erstarken zentraler Staatsgewalt und der Einführung konstitutioneller Staatsverfassungen entstanden (S. 190, 195). Nur von den Staatsfunktionen her gesehen, erscheint jeder Akt der Legislative ohne Rücksicht auf seinen Inhalt als Gesetz (S. 198). Ursprünglich hat der Begriff des Gesetzes aber nicht verlangt, daß es dem Willen eines Souverän entspricht, sondern nur, daß es Rechtsnorm ist, d. h. auf dem Rechtsgefühl beruht (S. 190 ff.). Diese ursprüngliche Bedeutung des Gesetzes hat sich auch heute noch auf dem Gebiet des Rechtslebens erhalten. „Überall da, wo es nicht auf die Staatsverfassung, den Staatsgedanken, sondern auf das Leben der Rechtsgemeinschaft ankommt, wird der Begriff des Gesetzes im Sinn von Rechtsnorm gebraucht" (S. 199). Hieraus leitet Isay ab, daß auch im Art. 102 Weimarer RV „Gesetz" soviel wie Rechtsnorm bedeute. In den Reichsjustizgesetzen ist bestimmt, daß unter „Gesetz" jede Rechtsnorm zu verstehen ist (EG ZPO Art. 12, EG StPO Art. 7, EG KO Art. 2). Dies muß auch für § 1 GVG gelten, da das GVG ebenfalls zu den Reichsjustizgesetzen gehört. Art. 102 Weimarer RV hat die Bestimmung des § 1 GVG wörtlich in die Reichsverfassung übernommen. Die Übernahme sollte diesem Satz aber keinesfalls eine neue Bedeutung für das Rechtsleben geben (S. 201).

In § 1 GVG und Art. 102 Weimarer RV ist nach Isays Ansicht mit Gesetz also nicht das formale Gesetz gemeint, sondern die „Rechtsnorm", und zwar im Sinne seiner Definition. Die Übernahme des § 1 GVG in die Reichsverfassung sollte nur die Unabhängigkeit des Richters im neuen Staat zum Ausdruck bringen. „Der Bedeutungsgehalt des Art. 102 ist die Einfügung der Rechtspflege als eines von unabhängigen, d. h. von jeder staatlichen Beeinflussung unabhängigen Richtern gepflegten Lebenskreises der Gemeinschaft in den Staatsbau. Sein Sinngehalt ist mit anderen Worten die Betonung der Normativität der Entscheidung: die Entscheidung soll als von einer Norm abgeleitet gedacht werden können" (S. 212). Nur in diesem Sinn bestehe eine Bindung des Richters an das Gesetz.

---
[31] Siehe oben II, 3.

3. Abschn.: Rechtstheorie und Methodologie

Die von Isay beschriebene Praxis der Rechtsfindung ist also nach seiner Auffassung richtig: sie entspricht auch der Verfassung.

Die umstrittene Frage des richterlichen Prüfungsrechts ist damit für Isay unproblematisch: der Richter ist nur — soweit dies überhaupt möglich ist — an *Rechtsnormen* gebunden. Er muß daher stets berechtigt sein, ein Gesetz auf seine Eigenschaft als Rechtsnorm zu prüfen, d. h. auf seine Übereinstimmung mit dem Rechtsgefühl. Stimmt ein Gesetz nicht mit der auf Grund des Rechtsgefühls gefundenen Entscheidung überein, so kann der Richter davon abweichen — braucht das Gesetz also nicht zur Kontrolle und Begründung der Entscheidung heranziehen (S. 213 ff.).

Zwar entspricht dieses Ergebnis nicht der herrschenden Lehre, ist aber die Praxis der Rechtsprechung. „In der ‚Auslegung' der Gesetze ist der Richter frei, und diese ‚Auslegung' dient dazu, gesetzliche Normen, die dem Rechtsgefühl des entscheidenden Richters für die ‚Anwendung' auf den individuellen Fall nicht entsprechen, auszuschalten" (S. 223).

Die gleiche Funktion habe die Theorie von den „Lücken" des Gesetzes, die Berufung auf § 242 BGB als einem Rechtssatz „höherer Ordnung" und die Prüfung der Verfassungsmäßigkeit unter dem Gesichtspunkt des Gleichheitssatzes (S. 216 f.). Unausgesprochen werde hier stets das Gesetz am Rechtsgefühl des Richters geprüft. Allerdings gelten für das Prüfungsrecht gewisse Schranken, die sich aus dem Wesen des Richters als einem Vertreter des Staates und aus seinem Staatsgefühl ergeben. Nur bei besonders schweren Verstößen gegen das Rechtsgefühl mit außerordentlich nachteiligen Auswirkungen darf ein Richter ein Gesetz für unverbindlich erklären.

„*Wann* dieser Fall gegeben ist, muß das *Taktgefühl des Richters* beurteilen. Eine Formel, eine rational bestimmte Grenze zu finden, ist nicht möglich" (S. 225).

Sinn der Geltung des Gesetzes ist nach Isays Theorie lediglich die Verpflichtung des Richters, die Rechtsnormen zur Kontrolle der Entscheidung heranzuziehen und nicht ohne zwingende Not von ihnen abzuweichen (S. 224). Geltungsgrund der Rechtsnormen ist allein das Rechtsgefühl, das auch das Ende der Geltung bestimmt. Isay befürwortet also ein umfassendes richterliches Prüfungsrecht. Er läßt nicht einmal die Einschränkung E. Kaufmanns gelten, daß der Gesetzgeber in der Wahl der Gerechtigkeitsprinzipien frei ist. Auch darauf soll sich nach Isays Auffassung das Prüfungsrecht erstrecken (S. 226). Das Gesetz ist somit völlig dem richterlichen Rechtsgefühl ausgeliefert. Dem Parlament bleibt praktisch nur noch ein Vorschlagsrecht. Dies als freirechtliches Gedankengut zu interpretieren, wäre falsch. Die Freirechtsbewegung wollte den Richtern nie ein Prüfungsrecht gegenüber parlamentarisch entstandenen Gesetzen zubilligen und wandte sich scharf gegen entsprechende Strömungen in der Weimarer Zeit[32].

8. Zusammenfassung

Mit seiner Theorie vom Rechtsgefühl hat Isay eine irrationale Naturrechtslehre begründet. Recht wird vom einzelnen Richter mit dem Rechtsgefühl „erfühlt", nicht in öffentlicher und parlamentarischer Diskussion geschaffen. Im Rechtsgefühl ist eine absolute, transpositive Wertordnung gegeben, die die Substanz des Rechts ausmacht. Der Staat kann Recht nur formulieren, nicht erzeugen. Die staatlichen Gesetze haben nur Geltung und können nur Bindung ausüben, wenn sie mit dem Rechtsgefühl des entscheidenden Richters übereinstimmen.

Die Wendung Isays zum Naturrecht und seine Ablehnung des Positivismus entsprach einer weitverbreiteten Strömung in Rechtsprechung und Rechtslehre der Weimarer Republik.

In Abkehr vom bisherigen Gesetzespositivismus richteten die Gerichte nun vielfach ihre Entscheidungen offen an moralischen Wertungen aus. Sie griffen nun häufig auf „Treu und Glauben" und das „Sittengefühl" zurück — was oft als Sieg der Freirechtsbewegung bezeichnet wird — ohne allerdings dafür eine theoretische Begründung zu geben. Das Reichsgericht nahm seit 1921 ein Prüfungsrecht von Gesetzen für sich in Anspruch[33]. Alle seine veröffentlichten Entscheidungen, die das Prüfungsrecht bejahen, befassen sich mit der Frage, ob nicht ein Gesetz die Eigentumsgarantie der Verfassung verletzt[34]. Das Prüfungsrecht wurde zum Mittel, gesetzgeberische Eingriffe in die Eigentumsordnung abzuwehren[35].

In der Staatsrechtslehre bekämpfte eine neue Richtung meist konservativer bis faschistischer Provenienz den Wertrelativismus und Positivismus[36]. Das staatliche Gesetz sollte überpositiven Kriterien genügen, um als Recht anerkannt zu werden. Programmatisch wirkte E. Kaufmanns Referat bei der Tagung der Vereinigung der Deutschen Staatsrechtslehrer 1926 über die „Gleichheit vor dem Gesetz". Kaufmann forderte das richterliche Prüfungsrecht und bekannte sich zu

---

[32] Vgl. dazu unten V.
[33] Entscheidung vom 28. April 1921 RGZ 102, S. 161.
[34] RGZ 102, 161; 103, 200; 107, 370; 109, 310; 111, 329.
[35] Vgl. dazu *Neumann*, Funktionswandel, S. 60 ff.
[36] Zum Methodenstreit in der Staatsrechtslehre der Weimarer Republik die politologische Untersuchung von W. *Bauer*: Wertrelativismus und Wertbestimmtheit im Kampf um die Weimarer Demokratie, Berlin 1968.

einem Naturrecht, dem die Gedanken Isays stark ähneln. Für Kaufmann ist „der Gedanke des Naturrechts als das Wissen von einer höheren Ordnung etwas Ewiges und Unvermeidbares". Was „gerecht" ist im Sinne einer „materiellen Ordnung", sei „uns in unserem Gewissen gegeben". Er geht davon aus, daß sich nur „in den Persönlichkeiten ewige Werte offenbaren und formen"[37]. Eine nähere philosophische Fundierung dieser Gedanken gibt E. Kaufmann allerdings nicht — genausowenig wie die meisten anderen Vertreter dieser Richtung. Ausgehend vom Gleichheitssatz des Art. 109 der Reichsverfassung, der als ein an den Gesetzgeber gerichtetes Willkürverbot interpretiert wurde, billigte diese Richtung der Justiz das Recht zu, Gesetze an der Verfassung zu überprüfen und als unverbindlich zu verwerfen.

Die Justiz wurde dem pluralistischen, machtbestimmten und in politische Richtungen gespaltenen Parlament — der „Parteienherrschaft" — als neutrale Instanz gegenübergestellt, die allein die Einheit des Staates wahren könnte. Kelsen beschrieb den Hintergrund dieser Wendung in der Staatsrechtslehre treffend: „Jedenfalls ist nicht zu verkennen, daß Juristen, die ehedem die strikteste Bindung der Richter an das Gesetz lehrten, heute den Richtern mit Berufung auf das Naturrecht weitgehende Freiheit gegenüber dem Gesetz zuerkennen möchten; und daß der Richterstand von jenen Änderungen der politischen Struktur so ziemlich freigeblieben ist, die sich in der Zusammensetzung des Parlaments zeigt ...[38]." Die Funktion dieser Wiederentdeckung des Naturrechts und der Forderung nach einem richterlichen Prüfungsrecht wird überwiegend darin gesehen, tiefgreifende Veränderungen der Gesellschaft durch die Gesetzgebung des nun von der Arbeiterschaft mitbestimmten Parlaments zu verhindern[39]. Die bürgerliche Gesellschaft, ihre Institutionen und ihr „Allerheiligstes", das Eigentum, wurden unantastbar gemacht, indem man sie mit der Weihe des absoluten Wertes versah und indem man die Befugnisse gestaltender Gesetzgebung unter Verweis auf die überpositive Wertordnung einschränkte. In seiner politologischen Untersuchung der Staatsrechtslehre der Weimarer Zeit kommt Bauer zu dem Schluß, daß die Naturrechtsidee in der Weimarer Republik gegenrevolutionäre Funktionen erfüllte, „als restaurative Ideologie im Gewande des antipluralistischen und antidemokratischen Widerstandes"[40].

---
[37] *Kaufmann*, Gleichheit, S. 17 ff.
[38] VVDStL H. 3, S. 54.
[39] Dazu schon *Neumann*, Funktionswandel, S. 60 f.; *Sontheimer*, Antidemokratisches Denken, S. 133 ff.; *Rosenbaum*, Naturrecht, S. 85 ff.; dort auch weitere Nachweise der zeitgenössischen Diskussion.
[40] *Bauer*, Wertrelativismus, S. 221 und passim; so auch schon *Neumann*, Funktionswandel, S. 61; vgl. auch *Rosenbaum*, Naturrecht, S. 85 ff.

Isay gibt dem neuen Naturrechtsgedanken eine philosophische Grundlage in der phänomenologischen Wertlehre.

Der konservative und restaurative Charakter des neuen Naturrechts tritt auch bei Isay deutlich hervor.

Auch Isay war zur Zeit der kaiserlichen Herrschaft noch davon ausgegangen, daß es „nach keiner Theorie einen Zweifel daran geben (kann), daß, wenn das Gesetz eine Entscheidung gibt, der Richter gezwungen ist, möglicherweise mit blutendem Herzen, diese Entscheidung der seinigen zugrundezulegen"[41].

Nach der Entstehung der Republik, als die Gesetzgebung nicht mehr ausschließlich ein Instrument des Bürgertums ist, sondern auch die Arbeiterschaft im Parlament Einfluß gewonnen hat, entdeckt Isay das Naturrecht als Mittel zur Einschränkung der Parlamentsmacht. Mit Bezug auf das rationale Naturrecht schreibt Isay nun: „heute (ist) die Sicherung der Rechte des Einzelnen dem Staat gegenüber nicht anders möglich als im 18. Jh.[42]" Die Rechtsgefühlstheorie bindet die Gesetzgebung an eine absolute Wertordnung, an eine Wertordnung, die den gesellschaftlichen status quo verabsolutiert. Eine Gesetzgebung des Parlaments, die im Interesse des gesellschaftlichen Fortschritts und der sozialen Gleichheit gestaltend und verändernd in das wirtschaftliche und soziale Geschehen eingriffe und die Rechte des privaten Eigentums einschränkte, verstieße gegen dieses „Rechtsgefühl". Ihre Gesetze wären kein „Recht" mehr. Immunisiert gegen Kritik ist dieses Naturrecht dadurch, daß Werte als nur emotional erfaßbar dargestellt werden. Rationale Diskussion ist nicht möglich, der Verstand ist „wertblind", nur der „gerechten Persönlichkeit" ist bei Isay wie bei Kaufmann das Recht überhaupt zugänglich. An die Stelle der Autonomie des demokratischen Gemeinwesens tritt die nur irrational erschaubare Ordnung absoluter Werte.

Mit seiner Theorie setzt Isay nicht nur die bürgerlichen Wertvorstellungen und den gesellschaftlichen status quo mit dem Recht gleich, er stellt das Parlament völlig unter die Kuratel der Rechtsprechung. Nur auf das Rechtsgefühl der Richter soll es ankommen. Dem parlamentarischen Gesetzgeber steht nicht einmal die Wahl der maßgebenden Gerechtigkeitskriterien frei. Nicht an der Verfassung sollen die Gesetze überprüft werden — allein das Rechtsgefühl des Richters entscheidet darüber, ob ein Gesetz Geltung hat oder nicht. Isays Formulierung des Prüfungsrechts ist damit die weitestgehende unter allen vertretenen Ansichten. Ein derartiges Prüfungsrecht ist mit einer demo-

---

[41] *Isay*, Bürgerliches Recht (Nr. 54, 1912), S. 10.
[42] *Isay*, Isolierung, S. 39.

kratisch-parlamentarischen Verfassung der Gesellschaft nicht mehr vereinbar. Gesellschaftliche Konflikte werden nach dieser Theorie nicht mehr auf parlamentarischer Ebene entschieden, sondern ihre Lösung von richterköniglicher Weisheit erschaut. Das demokratische Prinzip ist außer Kraft gesetzt. Die Macht liegt nicht mehr beim demokratisch legitimierten Parlament, sondern bei den — nicht gewählten — Richtern.

Wie aber war das politisch-soziale Bewußtsein dieses Standes beschaffen, dem Isay derart weitreichende Kompetenzen anvertrauen will?

Wohlfundiert, aber nicht unbestritten ist die These, daß unter den Richtern der Weimarer Republik eine antidemokratische und republikfeindliche Einstellung vorherrschte und die Justiz aktiv am Kampf gegen die Republik und der Vorbereitung des Faschismus beteiligt war[43]. Selbst wenn man aber die offen republikfeindliche Rechtsprechung insbesondere im justiziellen Staatsschutz und die große Anzahl antidemokratischer Äußerungen von Richtern als nicht genügend repräsentativ ansieht und sie deshalb nicht als hinreichende Stütze einer so weitreichenden These anerkennen will, kann jedenfalls an einem extremen Konservativismus der Richterschaft nicht gezweifelt werden[44]. Zumindest für große Teile der Richterschaft muß explizite Republikfeindschaft angenommen werden, „aktives Eintreten für die demokratische Grundordnung" erscheint als Ausnahme. Wie Kelsen zutreffend bemerkte, spiegelte die Richterschaft im Gegensatz zum Parlament nicht im entferntesten in seiner Zusammensetzung die verschiedenen politischen Kräfte und Interessen wider. Die aus dem Kaiserreich unverändert übernommene Richterschaft rekrutierte sich fast ausschließlich aus dem gehobenen Mittelstand[45]. Dieser Herkunft entsprach auch ihr politisch-soziales Bewußtsein und ihre ökonomischen Interessen. Mit dem Mittelstand teilte die Richterschaft ein stark antiproletarisches und antisozialistisches Ressentiment und das Interesse an der Erhaltung der überkommenen Eigentumsverteilung und Gesellschaftsordnung[46]. „Sozialistische Experimente" oder auch nur die Um-

---

[43] Vgl. die zeitgenössische, noch heute grundlegende Untersuchung von: *Fränkel*, Zur Soziologie der Klassenjustiz, Berlin 1927 sowie *Hannover*, Politische Justiz; *Rosenbaum*, Naturrecht, S. 66 ff.; *Hoeger*, Radikalismus, S. 114 ff.; vgl. dazu auch *Wiethölter*, Rechtswissenschaft, S. 59.

[44] Neben der politischen Strafjustiz (dazu *Hoegner*, a.a.O.; *Hannover*, a.a.O.) vgl. zum Beispiel den Fall der Pensionszahlung für den Kapp-Putschisten Jagow, Die Justiz Bd. II, S. 419 ff. und Bd. V, S. 516.

[45] Zur Berechtigung, eine derartige Homogenität der Zusammensetzung der Richterschaft anzunehmen: *Rosenbaum*, Naturrecht, S. 337 Anm. 2, mit weiteren Nachweisen.

[46] Dazu *Rosenbaum*, Naturrecht, S. 66 ff. und die dort Zitierten; vgl. auch *Bauer*, Wertrelativismus, S. 142 f.

wandlung des liberalen in einen sozialen Staat mußte auf ihre Ablehnung treffen.

Die Macht der Richter zuungunsten des Parlaments auszudehnen, bedeutete somit, die dem Bürgertum im Parlament verlorengegangene Herrschaft über die Gesetzgebung wiederherzustellen. Mit der Entscheidungsbefugnis der Richter über die Geltung von Gesetzen war der gesellschaftliche status quo gesichert, jeder gesellschaftliche Fortschritt in sozialistischer Richtung verhindert. Isays Rechtsgefühlstheorie stellt sich also dar als eine Ideologie zur Aufrechterhaltung der gesellschaftlichen und politischen Macht des Bürgertums, der Bewahrung ihrer Privilegien und ökonomischen Interessen und der Erhaltung des gesellschaftlichen status quo. Sie hat antidemokratische Züge, ohne jedoch unmittelbar der Begründung autoritärer oder totalitärer Herrschaft zu dienen. Sie ist vielmehr, wie gezeigt wurde, einem klassischen Humanismus und Liberalismus verpflichtet. Denkt man an die von Isay früher geäußerten, durchaus fortschrittlichen Ideen[47] und daran, daß sein Konservativismus nicht in Republikfeindschaft und faschistoide Ideologie mündet, so ist seine Theorie einzuordnen in „das reaktionäre Verkommen des Liberalismus". Dieses kennzeichnete Lukács treffend: „Aus Furcht vor den sozialistischen Möglichkeiten einer zu Ende geführten Demokratie wird der oft verkündete Demokratismus verraten[48]."

III. Theorie der Entscheidungsfindung

1. Kritik der juristischen Methodenlehre

Isay geht es in der Untersuchung des Verhältnisses von Rechtsnorm und Entscheidung darum, „die Arbeitsweise des praktischen Juristen" zu untersuchen (Vorrede S. VI). Die tatsächliche richterliche Praxis soll dargestellt werden, und Isay bedauert, daß die Rechtswissenschaft dieses Thema bislang ignorierte (S. 337 ff.). Gerade die Untersuchung der irrationalen Hintergründe müßte Aufgabe der Rechtswissenschaft sein (S. 152).

Die herrschende Lehre, nach der Entscheidungen allein durch logische Ableitung aus Normen entstehen, stimmt nach Isays Ansicht nicht mit der Wirklichkeit überein.

Normen sind wegen ihrer notwendigen Unbestimmtheit überhaupt nicht in der Lage, für konkrete Fälle bestimmte Entscheidungen eindeutig zu determinieren (S. 20 ff. u. ö.). Der „Anwendung" einer Norm

---

[47] Vgl. oben 1. Abschnitt, 1.
[48] *Lukács*, Zerstörung, S. 491.

geht immer schon eine Entscheidung voraus, aus der sich erst ergibt, welche von mehreren in Betracht kommenden Normen überhaupt herangezogen wird, und welchen Inhalt sie erhält.

Isay exemplifiziert dies an Fällen, in denen verschiedene Normen oder Normgruppen für einen bestimmten Sachverhalt in Betracht kommen — etwa entweder die Vorschriften über partiarische Darlehen oder die über Gesellschaften. Hier geht der Anwendung der Norm die logisch nicht ableitbare Entscheidung voraus, welche Vorschrift anzuwenden ist (S. 22).

Ähnlich verhält es sich bei der Analogie. Erst die Entscheidung kann für den konkreten Fall angeben, zu welcher Norm eine Analogie zu ziehen ist, und ob nicht statt der Analogie gerade ein Umkehrschluß angebracht ist (S. 149). Die Auslegung der Norm ist nach Isays Auffassung ausgerichtet auf die bereits gefundene Entscheidung und erhält ihren Inhalt erst von dieser (S. 22 f., 348). Die juristische Methodenlehre ist unfähig, die Ableitung von Entscheidungen aus Normen zu determinieren, ihr Instrumentarium ermöglicht es, beinahe jede Entscheidung nachträglich als wissenschaftlich einwandfrei aus einer Norm abgeleitet auszugeben (S. 162, 173, 223, 347 f., 354).

Sind diese Gesichtspunkte schon aus der freirechtlichen Methodenkritik bekannt, so geht Isay mit seinen Bemerkungen über das Verhältnis von Lebenssachverhalt und Norm neue Wege, die erst in der neuesten Methodendiskussion weitergeführt werden[49]. Ausgehend von der Rickertschen Untersuchung der Begriffsbildung in Kultur- und Naturwissenschaften bezeichnet Isay das gesellschaftliche Leben, „den Lebensstrom", als ein heterogenes Kontinuum. Die gedankliche Beherrschung dieses Lebensstromes erfolgt im juristischen Denken, „indem es Teile aus dem Zusammenhang herausschneidet und sie isoliert betrachtet, also das heterogene Kontinuum in ein heterogenes Diskretum verwandelt" (S. 166).

Das bedeutet für die „Subsumtion" des konkreten Lebenssachverhalts („Tatbestand") unter den abstrakten Tatbestand der Norm: „Der Sachverhalt des konkreten Falles (ist) ein in Zusammenhängen eingebetteter Strom von Vorgängen innerhalb des gesellschaftlichen Lebens. Um aus ihm einen Tatbestand zu machen, muß er herausgeschnitten werden, und um ihn unter den homogenen Tatbestand der Norm zu bringen, müssen aus ihm alle nicht mit diesem Tatbestand sich deckenden Vorgänge und Zustände hinweggedacht werden. Das letztere ist natürlich nur dann zulässig, wenn diese Vorgänge und Zustände für den Inhalt der Entscheidung unwesentlich sind. Ob sie das aber sind, kann keine andere Instanz entscheiden *als das Rechtsgefühl*" (S. 173).

[49] Dazu unten IV, 4.

Da die „Gestaltung des Sachverhalts" somit vom Rechtsgefühl des Richters bestimmt wird, ist für Isay klar, daß diese Gestaltung subjektiv und von der Persönlichkeit des Richters beeinflußt ist.

Die Einübung in dieser spezifisch juristischen Denkoperation ist nach Isays Auffassung bei manchen Juristen bereits so groß, daß sie überhaupt nicht mehr den lebendigen Sachverhalt zu sehen vermögen, sondern sofort nur noch den „juristisch relevanten" Tatbestand (S. 351). Für Isay beginnt die Entscheidungsfindung also nicht erst mit dem Subsumtionsprozeß, sondern bereits mit der Qualifizierung von Sachverhaltselementen als rechtlich relevant. Die Zurichtung des Sachverhalts determiniert bereits die Entscheidung (S. 173). Die Entscheidung bestimmt die Auswahl des rechtlich Relevanten (S. 351). Darauf, daß hier also eine Wechselwirkung vorliegt und wie diese zu erklären ist, geht Isay allerdings nicht ein[50].

Schließlich erweist die praktische Erfahrung nach Isays Auffassung eindeutig, daß das Werkzeugdogma der herrschenden Lehre in Wirklichkeit nicht zutrifft. So kann dort, wo der Richter im wesentlichen Verträge auszulegen hat oder nach „Treu und Glauben" oder den „guten Sitten" entscheiden soll, von einer logischen Ableitung der Entscheidung aus einer Norm überhaupt nicht die Rede sein (S. 21). Solche Entscheidungen stellen stets einen schöpferischen Akt des Richters dar. Jeder Praktiker wisse auch, wie stark oft ein irrationales Moment die Entscheidung des Gerichts beeinflußt hat, „ein irrationales Moment, d. h. ein solches, das keine verstandesmäßigen und logisch ableitbaren Zusammenhänge mit dem zu entscheidenden Tatbestand aufweist" (S. 25).

Wichtigster Beweis für die irrationale Entstehung der Entscheidung ist für Isay entsprechende jahrzehntelange Selbstbeobachtung und das Zeugnis einer Vielzahl praktischer Juristen (S. 60 ff., 339).

Er zitiert Äußerungen der Richter Otto Bähr, Vierhaus, Unger, Düringer, A. N. Zacharias, Gmelin, K. Schneider, Hallbauer, Degen, Mügel, John F. Dillon, Benjamin N. Cardozo und von Ernst Fuchs, H. Reichel, Wildhagen und Gmür, die von sich selbst sowie von anderen Richtern berichten, daß sie zunächst das Urteil auf Grund ihres Rechtsgefühls fanden und erst danach die Begründung im Gesetz suchten und stets auch fanden (S. 62 - 65)[51].

„Alles in allem widerspricht der Satz, daß die Entscheidung auf logischem Wege aus derjenigen Norm abgeleitet wäre, die nachher in

---

[50] Zur Weiterführung dieser Gedanken in der neueren Methodendiskussion siehe unten IV, 4.

[51] Die erwähnten Richter und Rechtsanwälte sind sämtlich Zivilrechtler.

den Urteilsgründen zur Begründung herangezogen wird, in der großen Mehrzahl der Fälle der praktischen Erfahrung so sehr, daß es schwer begreiflich ist, wie jener Satz sich in seiner Allgemeinheit bis heute hat behaupten können" (S. 23/24).

Tatsächlich entsteht die Entscheidung nach Isays Auffassung in der Regel also völlig irrational. Als irrationales Bewußtseinserlebnis ist sie auch keinen rationalen Untersuchungen zugänglich, sondern nur mit der phänomenologischen Methode erfaßbar (S. 40). Eine Urteilsfindung durch Subsumtion unter Normen — wie sie bisweilen noch betrieben werde — lehnt Isay als unschöpferisch, handwerksmäßig und geistlos ab (S. 66). Sie kann auch keine größere Rechtssicherheit gewährleisten, da, wie die Kritik aufweist, ihre Ergebnisse beliebig sind. Vor allem kann aber eine derartige Urteilsfindung nicht die Gerechtigkeit der Entscheidung garantieren: „Man kann aus einer Norm die gerechte wie die ungerechte Entscheidung logisch einwandfrei in gleicher Weise ableiten" (162).

Mit seiner Leugnung fast jeglicher Normanwendung bei der richterlichen Rechtsfindung geht Isay — und zwar bewußt[52] — weit über alles hinaus, was Vertreter der Freirechtsbewegung je behauptet hatten. Diese hatten bei aller Betonung des schöpferischen Elements der richterlichen Rechtsfindung stets an der Lehre von der Entstehung der Entscheidung aus einer Norm festgehalten — auch und gerade, wenn sie forderten, der Richter solle nach dem Vorbild des § 1 ZBG die Norm selbst bilden[53].

Isays Kritik kann insofern zugestimmt werden, als sich die Realität richterlicher Rechtsfindung mit dem Begriffsapparat und in den Kategorien der herkömmlichen Methodenlehre nicht zutreffend erfassen ließ.

Aus dem Versagen dieser einen Theorie der rationalen Entscheidungsfindung zieht Isay aber sogleich den Schluß auf die Notwendigkeit völliger Irrationalität der Entscheidung. Eine Theorie rationaler Entscheidungsfindung ist für ihn nicht mehr möglich.

Hierin zeigt sich wieder die Grundform des Irrationalismus, wie Lukács sie beschrieben hat:

„Der Ansatzpunkt liegt darin, daß die dem Denken jeweils unmittelbar gestellten Aufgaben, solange sie noch Aufgaben, noch ungelöste Probleme sind, in einer Form erscheinen, die es zunächst so aussehen läßt, als ob das Denken, die Begriffsbildung der Wirklichkeit gegen-

---

[52] *Isay* widerspricht in diesem Punkt ausdrücklich; vgl. S. 33, 336.
[53] Vgl. z. B. *Ehrlich*, Freie Rechtsfindung, S. 25, 26; *Kantorowicz*, Vorgeschichte, S. 5; *E. Fuchs*, Gerechtigkeitswissenschaft, S. 72. Dazu auch *Riebschläger*, Freirechtsbewegung, S. 79.

über versagen würde, als ob die dem Denken gegenüberstehende Wirklichkeit ein Jenseits der Ratio (der Rationalität des bisher benützten Kategoriensystems der begrifflichen Methode) vorstellen würde[54]."

Der Irrationalismus hypostasiert die Unfähigkeit bestimmter Begriffe, eine bestimmte Wirklichkeit zu erfassen, zu einer Unfähigkeit der vernünftigen Erkenntnis schlechthin. Er macht aus dieser Not eine Tugend, indem er die Unfähigkeit zum gedanklichen Erfassen der Welt als „höhere Erkenntnis", Intuition usw. ausgibt[55].

Isays Methodenkritik mündet im Irrationalismus, statt neue Möglichkeiten rationaler Urteilsfindungstheorien aufzuweisen, wie dies die Freirechtsschule ansatzweise tat.

2. Entstehung der Entscheidung

Durch phänomenologische Anschauung gewinnt Isay Einsicht in die tatsächliche Entstehung der Entscheidung. Das „Wesen" der Entscheidung hatte Isay im Erfühlen von Werten durch Rechtsgefühl und Nützlichkeitsgefühl gesehen. Entgegen der angeführten Äußerungen bekannter Juristen entsteht für Isay die Entscheidung nicht *unmittelbar* aus dem Rechtsgefühl. Er unterscheidet entsprechend der Lehre Schelers zwischen Wert und Wertträger. „Das Gefühl (kann) zwar die Wertkomponente der Entscheidung zur Gegebenheit bringen, *nicht aber den Wertträger*, die Bildkomponente, also die Ordnung des Einzelfalles, den Inhalt der Entscheidung" (S. 67). Auf zwei Wegen kann die Entscheidung entstehen: Einmal findet die konstruktive Phantasie zunächst die Ordnung des Falles (oder mehrere mögliche Ordnungen) — die sogenannte „Bildkomponente" — und diese Ordnung wird sodann vom Wertfühlen auf die Werte Gerechtigkeit und Nützlichkeit geprüft (bzw. die richtige Ordnung wird ausgewählt) "S. 67).

Beim zweiten Weg fallen diese beiden Akte zusammen. „Die Ordnung, welche vom Rechtsgefühl und Nützlichkeitsgefühl als Trägerin beider Werte gefühlt wird, wird sofort — ohne Wählen und Schwanken —,erschaut'" (S. 68). Diesen einheitlichen Akt „schöpferischen Erschauens" bezeichnet Isay als „Intuition", die er im Anschluß an Bergson als vom Verstande unabhängige, selbständige Erkenntniskraft ansieht. Daß die intuitive Findung der Entscheidung nicht als „abgekürztes Denken" rational erklärt werden kann, sucht Isay unter ausführlichem Hinweis auf instiktive Fähigkeiten der Zugvögel, des Bienenkäfers und anderer Insekten nachzuweisen (S. 69 ff.).

---

[54] *Lukács*, Zerstörung, S. 79.
[55] So *Lukács*, Zerstörung, S. 79.

Rechtsgefühl und praktische Vernunft sind also die Grundlagen der Entscheidungsfindung. Wie oben schon erwähnt, wirkt nach Isays Auffassung bei der praktischen Vernunft neben dem Wertfühlen in mehr oder weniger großem Umfang auch der Verstand mit[56]. Isay führt eine Reihe von Fällen aus dem Wirtschaftsrecht an, in denen allein verstandesmäßige Überlegungen weiterhalfen (S. 122 ff.). Das Wertfühlen schweigt angesichts differenzierter Sachverhalte mit komplizierten ökonomischen Hintergründen, der Nützlichkeitswert einer Regelung ist nicht mehr evident einsichtig (S. 123). Bei derartigen Fällen soll es sich freilich um die Ausnahme, nicht die Regel handeln.

Mit diesen verstandesmäßigen Überlegungen sind nun keineswegs begriffliche Subsumtionen unter gesetzliche Tatbestände oder auch nur ein Befolgen gesetzlicher Regelungsmuster gemeint. Vielmehr handelt es sich einfach um normunabhängige „praktische Erwägungen", die Isay nicht weiter definiert.

Freilich stimmt diese realistische Einsicht nicht mehr mit der phänomenologischen Wesensschau der Entscheidung überein, die nur Rechtsgefühl und Nützlichkeitsgefühl kannte. Isay erkennt damit an, daß es neben der auf Wertfühlen beruhenden Entscheidungsfindung auch eine solche gibt, die — freilich unabhängig von Normen — durch den nicht näher definierten „gesunden Menschenverstand" geleitet ist.

Aus der Existenz von zwei unterscheidbaren Wertgefühlen ergibt sich für Isay das Problem der Wertungskonflikte. In einer Reihe von Fällen kann es zu einem Widerspruch kommen zwischen Rechtsgefühl und praktischer Vernunft, zwischen den Gefühlen für Gerechtigkeit und Nützlichkeit (S. 133 ff.). Hier bedarf es einer „*Reflexion* auf diese Fühlungen, um sie in die Helle der Aufmerksamkeit zu bringen und sie analysieren zu können" (S. 139). Bleibt trotz genauer Nachprüfung der Bewußtseinsvorgänge auf ihr tatsächliches Gegebensein der Widerspruch bestehen, so bleibt nichts anderes übrig, als die beiden Werte gegeneinander abzuwägen. „In fast allen Fällen handelt es sich bei dem Widerspruch der beiden Gefühle um Interessenkollisionen, und es wird sich hier bei der genauen Analyse der Interessen und ihrer Werte meist klar herausstellen, ob dem Gerechtigkeitswert — dem Wert der Würde und Freiheit der Einzelpersönlichkeit wie der Gemeinschaft — oder den Nützlichkeitswerten für den streitigen Fall die größere Bedeutung zukommt" (S. 140).

In die Abwägung ist auf dem Gebiet des Wirtschaftslebens die Struktur der Wirtschaft und deren Wandlungen einzubeziehen. Dem Reichsgericht wirft Isay vor, eine solche Interessen- und Wertabwägung

---

[56] Vgl. oben II, 5.

in derartigen Konfliktfällen nicht zu kennen, sondern unter Rückzug auf den Begriff der Sittenwidrigkeit (§§ 1 UWG, 826 BGB) allein auf Grund eines unklaren und unkontrollierten Rechtsgefühls zu entscheiden. Als Beweis hierfür analysiert Isay eine Reihe von Urteilen aus dem Wirtschaftsrecht (S. 141 ff.). Isay kommt hier der Interessenjurisprudenz recht nahe. Auch er verlangt Berücksichtigung und Abwägung der verschiedenen Interessen. Allerdings bleiben seine Anweisungen — „Reflexion der Fühlungen", „Interessen- und Wertabwägung" recht vage. Ob damit rationale Denkvorgänge gemeint sind oder emotionale (irrationale) Bewußtseinserlebnisse, stellt er nicht klar, obwohl er doch sonst auf eine strenge Trennung zwischen beiden großen Wert legte.

Wie sich aus den exemplarischen Urteilsanalysen Isays erschließen läßt, sollen durch rationale Analyse die kollidierenden Interessen der Beteiligten ermittelt und dann — irrational — gewertet werden. Hierbei soll eben noch einmal ganz sorgfältig „gefühlt" werden, welcher Wert dem einen Interesse und welcher dem anderen zukommt und welcher von beiden im konkreten Fall höher zu veranschlagen ist.

Hier zeigt sich deutlich der Unterschied zur Methodenlehre der Interessenjurisprudenz. Interessenanalyse ist bei Isay nicht der Kern, sondern nur Vorbereitung der Entscheidungsfindung. Die Wertung wird nicht aus dem Gesetz hergeleitet, sondern ist schöpferischer Akt des Richters — in den Worten Isays: „entstammt dem Zentrum der sittlichen Persönlichkeit."

Der Vorwurf Isays gegen das Reichsgericht, es urteile auf Grund eines unklaren und unkontrollierten Rechtsgefühls, ist für Isay nicht so paradox, wie es zunächst erscheint. Wohl befürwortet er das Rechtsgefühl als Entscheidungsgrundlage, aber bei ihm ist es nicht als Ausrede für mangelnde Durchdringung der Problemlage eines Falles gedacht. Was er verlangt und beim Reichsgericht vermißt, ist eine genaue Interessenanalyse und ein, wenn auch irrationales, so doch sorgfältiges Werten der Interessen — auch unter dem Gesichtspunkt der „Nützlichkeit". Er wirft dem Reichsgericht dementsprechend vor, nur ethische und moralische Gesichtspunkte heranzuziehen, wo auch die Praktikabilität einer Regelung zu berücksichtigen wäre.

Isay hat seine Theorie der irrationalen Entstehung der Entscheidung ausdrücklich auf Grund phänomenologischer Anschauung gewonnen. Hinsichtlich der Kritik an Isays Vorgehen, insbesondere der Vermischung empirischer Erkenntnisse und apriorischer Einsichten kann auf das oben zum Rechtsgefühl Ausgeführte verwiesen werden.

Isay selbst gibt zu, daß die Überzeugungskraft seiner These erheblich größer wäre, wenn es eine Möglichkeit gäbe, in jeden einzelnen Fall die jeweiligen irrationalen Gründe der Entscheidung offenzulegen (S. 339). Nach seiner Auffassung ist aber die Aufdeckung irrationaler Gründe von vornherein beschränkt auf die Wertungen der praktischen Vernunft, d. h. für Interessenabwägungen. Das Rechtsgefühl dagegen ist im einzelnen Fall weder der Beobachtung noch einer von außen kommenden Analyse zugänglich (S. 339).

Für die Untersuchung, „aus welchem Gefühl oder welcher Erwägung heraus" ein Richter in einem konkreten Fall ein bestimmtes Interesse höher bewertet hat, ist die genaue Kenntnis des Tatbestandes und eines wirtschaftlichen Hintergrunds sowie der Persönlichkeit des Richters und seiner Sozialisation unerläßlich. Andernfalls muß die Ermittlung der irrationalen Gründe nur ein Versuch mit geringem Anspruch auf Richtigkeit bleiben (S. 339). Als Beispiel für die Möglichkeit solcher Analysen untersucht Isay die wechselvolle Rechtsprechung des 5. und 7. Senats des Reichsgerichts zur Frage, ob Maschinen Bestandteil eines Fabrikgebäudes sind (S. 340 - 342). Isay zeigt, daß der 5. Senat seine Rechtsprechung änderte und sich dem 7. Senat anschloß, nachdem die Hypothekenbanken erklären ließen, daß sie kein Interesse hätten an der Mithaftung von Maschinen für die Hypotheken. Diese Urteile beruhten also nicht auf der begrifflichen Ableitung aus den §§ 93, 97 BGB, sondern darauf, daß das Gericht nun überzeugt war, „daß das Interesse des Realkapitals nicht so bedeutend sei wie das der Maschinenindustrie, und daß dieser irrationale Grund die Änderung der Entscheidungen bewirkt hat" (S. 342).

Isay bleibt aber skeptisch gegenüber den Möglichkeiten, die irrationalen Grundlagen von Entscheidungen zu analysieren. Er lehnt die entsprechenden Untersuchungen Bendix' ab und wirft ihnen vor, ohne genügende Grundlage mit dem Anspruch „unfehlbarer Wahrheitsverkündung" aufzutreten. Als „ganz willkürliche Unterstellung" sieht er die Ergebnisse dieser Untersuchungen an: Bendix behauptet, bei den meisten der untersuchten Entscheidungen seien die politische Einstellung des Reichsgerichts zugunsten des alten Obrigkeitsstaats und die Abneigung republikanisch-demokratischer Grundätze die wirklich bestimmenden Urteilsgründe gewesen (S. 343). Daraus macht Isay ihm den Vorwurf, die Untersuchungen seien nicht wissenschaftlich, da sie nicht voraussetzungslos betrieben worden seien (S. 344).

Indem Isay die Ergebnisse Bendix' ohne weitere Begründung als „willkürliche Unterstellung" abtut, zeigt er aber selbst, daß er über die „wahren Gründe" der Entscheidung zumindest ebenso eine „vorgefaßte Meinung" hat wie Bendix. Zu Isays Voraussetzungen gehört es, daß richterliche Urteile niemals politisch motiviert sind.

Nach Isays Theorie wird die Entscheidung also auf Grund des Rechtsgefühls gefunden.

Oben wurde ausgeführt, daß Isay das Rechtsgefühl keineswegs soziologisch oder psychologisch versteht.

Auch in seiner Entscheidungsfindungstheorie ist das Rechtsgefühl als Wertfühlen im Schelerschen Sinn gemeint. Es ist kein zuständliches Gefühl, kein Gemütszustand im psychologischen Sinn, sondern ein davon zu unterscheidender intentionaler Akt. Das Rechtsgefühl wird durch die ontologische Beschaffenheit der Werte — die ja „irreale Gegenstände" sind — als ihre spezifische, irrationale Erkenntnisweise bedingt.

Bei Isay wird das Rechtsgefühl also nicht in jenem naiven Sinn einer Gefühlsjurisprudenz verwendet, die für ihre Entscheidungen lediglich auf Rechtsgefühl oder Rechtsempfinden verweist, ohne anzugeben, ob damit ein Erkenntnisobjekt oder eine Erkenntnisweise gemeint ist bzw. auf welche Inhalte eine erkenntnisleitendes Rechtsempfinden gerichtet wäre.

Isay verbindet das Rechtsgefühl mit einem absoluten Wertreich und hat dadurch sowohl Erkenntnisobjekt wie Erkenntnisweise bestimmt. Treffend bemerkt Matz zu derartigen Verfahren: „Wenn das Rechtsgefühl nicht mehr aus sich heraus Recht findet, sondern erkennend auf eine objektive Wertordnung gerichtet ist, so scheint ihm damit das Odium der Subjektivität genommen zu sein; die Werte andererseits erhalten scheinbar eine dem Juristen vertraute, plausible Beziehung zum Rechtsbereich[57]."

Die Irrationalität der Entscheidung ist also auf das Erfühlen bestimmter absoluter Werte eingeschränkt.

Gesellschaftlich bedingte Einstellungen und Vorurteile, psychische Gegebenheiten und Einflüsse müssen bei Isay demnach außer Ansatz bleiben.

Zweifel, ob damit die Realität richterlicher Rechtsfindung zutreffend erfaßt ist, ergeben sich aus Isays Ausführungen selbst.

Als typisches Beispiel für die irrationale Entstehung von Entscheidungen führt Iasy selbst folgenden Fall an:

Ein Richter verurteilt spontan — entgegen seinem ursprünglichen Votum — den Vater eines Schuljungen wegen eines von dem Kind verursachten Schadens zum Schadensersatz, als er hörte, daß der Mann schon 65 Jahre alt war und erst vor acht Jahren geheiratet hatte. Intern

---

[57] *Matz*, Rechtsgefühl, S. 21.

begründet er seine Entscheidung: „Wenn ein so alter Mann noch ein Kind in die Welt setze, dann müsse er auch bezahlen" (S. 61)[58]. Daß in diesem „nicht etwa ungewöhnlichen" Fall ein auf Gerechtigkeit, Menschenwürde, Freiheit usw. gerichtetes Rechtsgefühl am Werke war, kann schwerlich angenommen werden — und Isay wollte auch nur an diesem persönlichen Erlebnis aus seiner Referendarzeit aufweisen, wie wenig die Norm realiter mit der Entscheidung zu tun hat.

Aber damit illustriert er gleichzeitig selbst, daß sich die Irrationalität richterlicher Rechtsfindung nicht im „Erfühlen" von Werten erschöpft, sondern wie im Beispiel auch die verinnerlichte bürgerliche Sexualmoral mit ihrer Tabuisierung der Alternativsexualität oder persönlicher Sexualneid des Richters eine Entscheidung beeinflussen können.

Auch die Forderung Isays, bei Urteilsanalysen müsse Persönlichkeit und Sozialisation der entscheidenden Richter bekannt sein, zeigt eine materialistische Sicht der richterlichen Urteilstätigkeit, die mit der idealistischen Theorie einer Entscheidungsfindung durch Wertfühlen im Widerspruch steht.

Schließlich erweist sich Isays Verständnis des irrationalen Moments in der richterlichen Urteilsfindung als mehrdeutig. In seiner Kritik der Rechtsanwendungstheorien und in seiner exemplarischen Urteilsanalyse versteht Isay unter irrationalen Gründen ausdrücklich sämtliche, nicht aus Normen abgeleiteten Erwägungen und Beweggründe; in seiner Theorie von der Entstehung der Entscheidung ist mit Irrationalität allein das Wertfühlen gemeint, psychologisch und soziologisch bedingte irrationale Faktoren kennt diese Theorie nicht mehr. Die aus praktischer Erfahrung gewonnenen realistischen Einsichten der Methodenkritik stehen also im Widerspruch zu der auf phänomenologischer Anschauung beruhenden Theorie. Dieser Widerspruch entsteht dadurch, daß Isay auch für seine Theorie in Anspruch nimmt, richterliches Handeln zu beschreiben. Er stellt nicht die Forderung auf, „richtige" Entscheidungen müßten durch Wertfühlen gewonnen werden und Entscheidungen, die nicht auf dem Rechtsgefühl beruhen, seien falsch oder seien keine „echten" Entscheidungen. Seine Theorie will das immer schon geübte Verfahren der Richter darstellen.

Die eigenen Untersuchungen zur Methodenkritik zeigen aber, daß Isays Theorie impliziert, daß nur auf Grund des Rechtsgefühls entschieden werden darf; sie ist in Wirklichkeit nicht empirisch, sondern normativ.

---

[58] Es sei darauf hingewiesen, daß Isay bei Geburt seines Sohnes bereits 55 Jahre alt war.

3. Die Bedeutung der Rechtsnormen für die Entscheidung

Isay beschäftigt sich ausschließlich mit der Funktion der Normen auf dem Gebiet des Verkehrsrechts. Auf dem Gebiet der Regelung der Gemeinschaftsgrundlagen, das im wesentlichen das traditionelle öffentliche Recht umfaßt, ist nach seiner Auffassung die Bedeutung der Normen wesentlich größer, jedenfalls anders als im Verkehrsrecht (S. 154 ff.).

Damit schränkt Isay — etwa in der Mitte seiner Untersuchung — sein Thema und seine übrigen Ausführungen in einem wesentlichen Punkt ein. Insbesondere für das Gebiet des Verfassungs-, Verwaltungs- und Strafrechts beansprucht seine Theorie keine Geltung, ohne daß sich dies zwingend aus ihr ergeben hätte. Die Unmöglichkeit einer Präformierung von Urteilen durch Normen erörterte Isay ganz generell.

Erinnert man sich an Isays liberale Staatstheorie, so wird diese Einschränkung verständlich. Die rechtsstaatlichen Prinzipien vom Vorrang und Vorbehalt des Gesetzes müßten neu überdacht werden, wenn das Gesetz überhaupt nicht in der Lage wäre, die Befugnisse und die Macht des Staates von vornherein genau zu bestimmen und einzuschränken.

Nach Isays Theorie haben die Normen in der Praxis jedenfalls nicht die Funktion, richterliches Handeln im voraus anzuleiten, Entscheidungen zu determinieren. Trotzdem warnt Isay verschiedentlich davor, nun die Bedeutung der Normen zu unterschätzen, wie es die „Gefühls- oder Instinktjurisprudenz" tut (S. IV). Wichtig sind die Normen, weil jeder Entscheidung „das Streben nach *Allgemeingültigkeit* (Normativität) immanent (ist)" (S. 163).

Das Gemeingefühl als Komponente des Rechtsgefühls fordert, daß eine Entscheidung gegen jedes andere Mitglied der Gemeinschaft ebenso ergangen sein würde. Dieses Streben ergebe sich auch aus dem allgemeinen sittlichen Bedürfnis des menschlichen Geistes, allgemeingültig zu denken. „Daraus folgt das Bedürfnis, die mit dem Rechtsgefühl gefundene Entscheidung auf ihre Allgemeingültigkeit zu kontrollieren und diese Allgemeingültigkeit zu begründen" (S. 164). Für beides ist die Norm als abstrakte allgemeine Regelung geeignet,

„Die Bedeutung der Rechtsnormen liegt also auf dem Gebiete des Verkehrsrechts in ihrer Fähigkeit, als Mittel zum Zweck der Kontrolle der Entscheidungen auf ihre Normativität wie als Mittel der ‚Begründung' von Entscheidungen, d. h. der Begründung ihrer Normativität zu dienen" (S. 164).

Die Kontrolle von Entscheidungen an Normen hat sich erst im Kapitalismus durchgesetzt; ursprünglich ergingen Entscheidungen nach

3. Abschn.: Rechtstheorie und Methodologie

Isays Auffassungen ohne jede normative Kontrolle (S. 165 ff.). Isay schließt sich Max Webers Darstellung an:

„In diesem System (scil. dem kapitalistischen) ist alles auf Berechenbarkeit, auf Rationalisierung aufgebaut. Wie der Kapitalismus ein rationales Geldsystem, eine rationale Buchführung und — aus rationalen Gründen — einen erhöhten Schutz der Verträge geschaffen hat, so fordert er auch eine rationale Verwaltung und eine rationale Rechtsprechung" (S. 78, vgl. auch S. 169).

„Die Rationalisierung der Entscheidung erfolgt durch die dem Richter auferlegte Verpflichtung, sie mittels einer Norm zu begründen, d. h. als von einer Norm abgeleitet zu erklären" (S. 170).

Isay erklärt also die Funktion der Norm gleichzeitig und unvermittelt einmal idealistisch, aus dem Gemeingefühl und einem allgemeinen sittlichen Bedürfnis des menschlichen Geistes, zum anderen materialistisch, aus Notwendigkeiten des Kapitalismus.

Nun hatte Isay dargelegt, daß Normen die Berechenbarkeit von Entscheidungen nicht gewährleisten können. Dennoch behält die Forderung, Entscheidungen auf eine Norm zurückzuführen, nach seiner Auffassung ihren Sinn.

„Schon die Selbstzucht, die in dem Zwang zum logischen Durchdenken der gefundenen Entscheidung liegt, gewährt dem Richter selbst und damit auch den Parteien eine Sicherheit gegen subjektives Belieben" (S. 174). Zum anderen führe der Vergleich mit der für eine Gruppe ähnlicher Fälle gegebenen Norm zu einer genügenden Kontrolle.

Die nachträgliche Ableitung, d. h. die Zurückführung der Entscheidung auf eine Norm macht Urteile freilich auch nicht „schlechthin", aber doch in einem für praktische Bedürfnisse ausreichenden Maße berechenbar. Dies zeigt nach Isays Auffassung allein der Vergleich mit Gebieten, auf denen keine Normen existieren und wo es keine Voraussehbarkeit der Ergebnisse mehr gibt (S. 174 ff.). In diesen Bereich gehört auch die Rechtsprechung, die sich auf Generalklauseln stützt.

Generalklauseln (Blankettnormen) sind für Isay keine Rechtsnormen, sondern lediglich formale Gesetze. Bei ihnen mangelt es nicht an der Übereinstimmung mit dem Rechtsgefühl, aber an der Vollständigkeit der für eine Rechtsnorm erforderlichen Bestandteile. Der Gesetzgeber hat hier entweder die Bestimmung des Tatbestandes (etwa bei §§ 138, 826 BGB, 1 UWG) oder der Rechtsfolge (§§ 157, 242 BGB) dem Richter überlassen und sich damit begnügt, diesen auf sein Rechtsgefühl zu verweisen (S. 202 ff., 175). Daraus folgt für Isay: „Eine Blankettnorm ist zur Kontrolle einer durch das Rechtsgefühl getroffenen

Entscheidung ungeeignet, da sie ja selbst wieder auf das Rechtsgefühl verweist" (S. 175). Die Begründung eines Urteils mit einer Generalklausel ist dementsprechend völlig nichtssagend und überflüssig. Nach Isays Ansicht müßte das Gericht in diesen Fällen aus der getroffenen Entscheidung selbst die Norm ableiten und diese zur Kontrolle und Begründung heranziehen. Damit wäre außerdem für zukünftige Entscheidungen eine Richtlinie gegeben (S. 178). Isay kritisiert deshalb die Rechtsprechung des Reichsgerichts auf dem Gebiet des unlauteren Wettbewerbs und des Warenzeichenrechts, die sich, ohne Normen zu formulieren, auf die Formeln „Billigkeit", „Sittenwidrigkeit" und „Treu und Glauben" zurückziehe. Dies genügt nicht den Aufgaben oberster Gerichte in einem kapitalistischen Wirtschaftssystem (S. 178).

Isay verlangt also, daß Richter immer einen allgemeinen Satz angeben, der in der Lage ist, ihre Entscheidungen zu tragen, und sich nicht mit Leerformeln begnügen. Insbesondere für das Wirtschaftsrecht erhofft er sich davon ein höheres Maß an Rechtssicherheit.

Eine von jeder Normenkontrolle freie und nur auf das Rechtsgefühl gegründete Rechtsprechung ist nach seiner Auffassung in der Zeit kapitalistischer Wirtschaft unerträglich (S. 175).

Isay faßt zusammen:

„Die Ableitung der Entscheidung von einer Norm bedeutet ihre *nachträgliche* Ableitung. Die Entscheidung ist *nicht* in dieser Weise *entstanden*, sondern es wird nur kontrolliert, ob sie in dieser Weise *hätte entstehen können*. Damit ist der Zweck der Kontrolle erreicht. Dadurch, daß diese (nachträgliche) Ableitung als ‚Begründung' der Entscheidung gegeben wird, entsteht der Anschein, *als ob* die Entscheidung auch so gefunden wäre. Die ‚Begründung' ist also eine *Fiktion*. Der Richter offenbart nicht die wirklichen Entstehungsgründe der Entscheidung, sondern schreibt, als ob sie einfach aus der Norm abgeleitet sei" (S. 177).

Daneben haben die Normen die wichtige Funktion, die Systematisierung des „Rechtsstoffs" zu ermöglichen. „Eine Sammlung von Entscheidungen ohne formulierte Rechtsnormen wäre ein Chaos" (S. 181).

Mit der Reduzierung der Norm auf ein Mittel der Selbstkontrolle („Selbstzucht") des Richters zieht Isay die Konsequenz aus der Erkenntnis der Beliebigkeit der Ergebnisse juristisch-logischer Normanwendung und ihrer Abhängigkeit von vorher getroffenen Entscheidungen. Kontrolle der Entscheidung an der Norm kann so bei Isay nur noch bedeuten, daß geprüft wird, ob sich die Entscheidung noch im Streubereich möglicher Normausdeutungen bewegt.

Zwar hat Isay den Glauben an die Möglichkeit exakter Berechenbarkeit von Entscheidungen aufgegeben, aber er erwartet von der nachträglichen Kontrolle an Normen doch noch immer einen erheblichen Gewinn an Rechtssicherheit, ja diese Kontrolle soll unerläßliche Bedingung von Rechtsprechung unter kapitalistischen Bedingungen sein. Dies scheint der Absage an die Möglichkeit der Gewinnung eindeutiger Ergebnisse durch Normanwendung zu widersprechen. Gerade der Umstand, daß Isay den Normen überhaupt noch eine Funktion zuweist, macht aber klar, daß nach seiner Auffassung die Normen zwar fast nie eine bestimmte Entscheidung vorschreiben können, sie aber doch einen Bereich „juristisch möglicher" Entscheidungen eingrenzen. Hierin kommt Isay der Auffassung Ehrlichs nahe, der davon ausging, daß die Normen nicht die Grundlage jeder Entscheidung bilden müßten, sondern lediglich die Grenze bezeichnen sollten, bis zu der die Freiheit des Richters reiche[59].

Zwar finden sich bei Isay auch überspitzte Formulierungen, nach denen jede beliebige Entscheidung normativ begründbar wäre (z. B. S. 354). Aber gerade Isays Annahme eines richterlichen Prüfungsrechts setzt ebenfalls voraus, daß überhaupt eine Diskrepanz zwischen einer Entscheidung und dem Ergebnis der Normanwendung auftreten kann. Isay ist sich bewußt, daß die Zurichtung des Sachverhalts und die Auslegung der Norm Grenzen hat, jenseits derer eine Entscheidung nicht mehr als von einer Norm abgeleitet dargestellt werden kann. In diesen Fällen wird das Prüfungsrecht relevant.

Auf den ersten Blick erstaunt es dennoch, Isay für mehr Rechtssicherheit und gegen die Flucht der Rechtsprechung in die Generalklauseln kämpfen zu sehen, nachdem seine Theorie den Richter in der Findung der Entscheidung von gesetzlichen Bindungen völlig frei gestellt hat und ihm mit dem Prüfungsrecht sogar das Gesetz unterworfen hat. Hier wird deutlich, daß Isay zwar die Stellung des Richters gegenüber dem staatlichen Gesetz stärken wollte, aber deshalb keineswegs eine unreflektierte Gefühlsjurisprudenz befürwortete. Es ist gerade die Einsicht in die irrationale Entstehung der Urteile, die ihn ihre rationale Reflexion und Kontrolle an Hand von Normen fordern läßt.

4. Die Technik der Rechtsprechung

„Die *Entstehung* der Entscheidung vollzieht sich auf irrationalem Wege, die *Kontrolle* und *Begründung* erfolgt rational" (S. 335).

Deshalb gibt es nach Isays Auffassung auch keine besondere Technik für die Entscheidungsfindung, sondern nur eine Technik der Begründung

---

[59] Siehe *Ehrlich*, Freie Rechtsfindung, S. 1 und 28.

der Entscheidung (S. 344). Sie dient allein dazu, die Ableitbarkeit der bereits gefunden Entscheidung aus bestimmten Normen nachzuweisen.

Problematisch sind für Isay nur die Fälle, in denen sich für die gefundene Entscheidung nicht ohne weiteres eine Norm anbietet, aus der sie als abgeleitet dargestellt werden könnte. Er unterscheidet drei Grundsituationen:

„1. Es ist eine Norm vorhanden, unter deren Tatbestand sich zwar der Sachverhalt des zu entscheidenden Falles ohne Schwierigkeiten unterordnen ließe, während die Rechtsfolge der Norm nicht mit der Entscheidung des Richters übereinstimmt;

2. es sind mehrere Normen vorhanden, unter deren Tatbestände sich der Fall unterbringen ließe, während nur bei einer Norm die Rechtsfolge mit der Entscheidung übereinstimmt;

3. es ist keine Norm vorhanden, deren Tatbestand auf den des Falles paßt" (S. 345).

Im ersten Fall kommt es zunächst darauf an, die vorhandene Norm auszuschalten. Eine Möglichkeit, dies zu erreichen, ist es, den Tatbestand der Norm derart zu gestalten, daß er nicht mehr auf den konkreten Sachverhalt des Falles paßt. Dies ist das Gebiet der „Auslegung" (S. 347). Zwar gibt es über Richtung und Grenzen der Interpretation eine Reihe von Theorien, deren Inhalt aber letztlich bedeutungslos ist. „Die Praxis kümmert sich im Grunde wenig um diese Theorien. Sie hält sich für berechtigt, das Gesetz so ‚auszulegen', d. h. seinen Tatbestand so aufzufassen und, wenn nötig, entsprechend umzugestalten, daß das Ergebnis dem Rechtsgefühl des Richters und dem praktischen Bedürfnis entspricht — auch wenn dabei der gesetzlichen Formulierung des Tatbestandes Gewalt angetan wird" (S. 347/348).

Die zweite Möglichkeit, eine Norm auszuschalten, betrifft den Sachverhalt des zu entscheidenden Falles. Aus dem konkreten Sachverhalt können notwendigerweise nur eine begrenzte Anzahl von Elementen als „erheblich" ausgewählt werden[60].

„Handelt es sich ... darum, die Anwendung einer Norm auf den konkreten Fall auszuschalten, so wird dessen ‚Tatbestand' so gestaltet, daß er Merkmale erhält, die im Tatbestand der Norm fehlen, oder umgekehrt, daß aus ihm Elemente entfernt oder geändert werden, die im Tatbestand der Norm enthalten sind" (S. 352)[61].

---

[60] Vgl. dazu oben III, 1.

[61] *Isay* bezeichnet den in die Begründung des Urteils aufgenommenen Sachverhalt entsprechend § 13 ZPO als „Tatbestand". Der Tatbestand der Norm erhält bei ihm zum Unterschied keine Anführungszeichen.

3. Abschn.: Rechtstheorie und Methodologie

Diese gestaltende Tätigkeit des Richters beginnt schon bei der Zeugenvernehmung und setzt sich bei der Beweiswürdigung fort (S. 352). Isay bewertet dieses Verfahren keineswegs negativ. „Die Gestaltung des ‚Tatbestandes' erfolgt, oft halb unbewußt, im Dienste des Rechtsgefühls und der praktischen Vernunft, um eine Norm auszuschalten, deren Anwendung als ungerecht und unzweckmäßig empfunden wird" (S. 353). Ist also die der Entscheidung des Richters möglicherweise entgegenstehende Norm beseitigt, so muß nun eine neue Norm für die Begründung der Entscheidung gefunden werden. Die gleiche Aufgabe stellt sich, wenn von vornherein keine passende Norm vorhanden ist.

Zunächst gibt es hier die Möglichkeit, eine Vorschrift zu verwenden, deren Tatbestand zwar nicht ohne weiteres zum Sachverhalt der Entscheidung paßt, deren Rechtsfolge aber mit dem zu begründenden Tenor übereinstimmt. „Hier kann eine ‚Anpassung' der fraglichen Norm an den Sachverhalt oder des Sachverhalts an die Norm versucht werden" (S. 360).

Ist dieser Weg nicht gangbar, so muß der Richter eine passende Norm neu bilden, und zwar, indem er sie aus seiner Entscheidung ableitet. Dabei muß der Richter die neue Norm auch auf ihre praktische Brauchbarkeit an Hand einer Reihe vorgestellter Fälle prüfen und auf ihre Vereinbarkeit mit den bereits vorhandenen Normen achten (S. 361 f.).

Die Situation, in der mehrere Normen mit passenden Tatbeständen vorhanden sind, ist nun unproblematisch: Die Norm, deren Rechtsfolge zur Entscheidung paßt, wird für die Begründung verwendet, die anderen werden ausgeschaltet (S. 366).

Alle diese Verfahren illustriert Isay mit einer Reihe von Beispielen aus der Rechtsprechung.

Isay stellt die Entscheidungsfindung der Urteilsbegründung ebenso unvermittelt gegenüber, wie sie die herrschende Rechtstheorie unreflektiert miteinander identifizierte. Die Entscheidungsfindung wird vom Gefühl geleitet, sie ist also emotional. Der Wille, die vorher gewisse Entscheidung normativ zu rechtfertigen, leitet die Auswahl und die Auslegung der die Entscheidung begründenden Gesetzesstelle. Insofern ist die Begründung volitiv. Die „Technik der Rechtsprechung", die an der tatsächlich geübten richterlichen Praxis informiert ist, ist alles, was bei Isay von traditioneller juristischer Methodenlehre übrigbleibt. Deren wesentliche Elemente finden sich auch bei Isay wieder. Ihnen fehlt nun aber jeglicher Bezug auf die Urteilsfindung. Sie sind nicht mehr Mittel zur Gewinnung, sondern nichts weiter als Instrumente zur

Begründung, d. h. der nachträglichen Rechtfertigung von Entscheidungen. Interpretation und das Inventar juristischer Logik vermitteln nicht Erkenntnis, sondern dienen der Verschleierung der wirklichen Entscheidungsgründe. Isays Beschreibung der „Technik der Rechtsprechung" wirkt dadurch wie eine äußerst zynische Karikatur der juristischen Methodenlehre; inhaltlich denunziert sie die Alibifunktion juristischer Methodenlehren.

Es stellt sich die Frage, weshalb Isay überhaupt noch an dieser Art der normativen Begründung festhält, die doch nach seiner Ansicht nicht im entferntesten die tatsächlichen Gründe der Urteile wiedergibt und mit Hilfe der beschriebenen Tricks fast immer herstellbar ist.

Rechtssicherheit, Berechenbarkeit wäre unter diesen Umständen doch wohl eher durch eine Begründung zu erreichen, die die Erwägungen wiedergibt, die dem Urteil tatsächlich zugrundeliegen.

Bei Isay finden sich auch Ansätze in dieser Richtung. Für den Bereich der Generalklauseln fordert er ja, daß der Richter die Gesichtspunkte, die für das Urteil ausschlaggebend waren, als Norm verwenden soll, statt sich mit dem Hinweis auf die Leerformeln der §§ 242, 826 BGB u. a. zu begnügen[62]. Bei der oben erwähnten exemplarischen Urteilsanalyse kritisiert er, daß das Reichsgericht die in Wirklichkeit ausschlaggebenden wirtschaftlichen Hintergründe des Falles verschwieg und seine Urteile allein mit einer bestimmten Auslegung des Gesetzestextes begründete.

Aber prinzipiell hält Isay an der traditionellen Urteilsbegründung fest.

Von seinen eigenen Prämissen her muß er dies auch tun, will er nicht völlig auf Begründungen und ein Mindestmaß an Rationalität der Rechtsprechung verzichten. Nach Isays Theorie sind die wirklichen Gründe der Entscheidung, Rechtsgefühl und Nützlichkeitsgefühl, ja rational nicht erkennbar, nicht analysierbar. Der Richter ist gar nicht in der Lage, seine Entscheidung rational zu erklären, über die Gründe sprachlich zu informieren. Die tatsächlichen Urteilsgründe sind überhaupt nicht mitteilbar, sie sind jeglicher Diskussion entzogen.

Es ist also Isays Irrationalismus, der ihm den Weg versperrt, die als Spiegelfechterei erkannte Begründung mit Normen zu verwerfen und statt dessen eine Offenlegung der wirklichen Entscheidungsgründe zu verlangen. Hierin liegt ein Unterschied zur Freirechtsbewegung, die gerade forderte, die tatsächlich ausschlaggebenden Erwägungen mitzuteilen und Begründungen mit formallogischen Begriffskonstruktionen ablehnte. Der Unterschied erklärt sich daraus, daß die frühen Freirecht-

---

[62] Vgl. oben III, 3.

ler noch an die Möglichkeit rationaler Urteilsfindung glaubten, und für sie daher kein notwendiger Gegensatz zwischen Urteilsfindung und Begründung existieren konnte.

5. Kritik der Interessenjurisprudenz (IJP)

Zur Interessenjurisprudenz äußerte sich Isay in „Rechtsnorm und Entscheidung" an keiner Stelle. Erst 1933 und 1935 geht Isay in zwei Aufsätzen auf die IJP Ph. Hecks ein. In „Die Methode der IJP" sucht Isay den Nachweis zu führen, „daß es eine Methode der IJP überhaupt nicht gibt" (Methode S. 34)[63].

Die IJP erhebt den Anspruch, eine Methode der Rechtswissenschaft zu sein, also ein rationales planmäßiges Verfahren zur Gewinnung des Inhalts von Rechtsnormen und von richterlichen Fallentscheidungen angeben zu können, erfüllt diesen Anspruch aber nach Auffassung Isays nicht. Mit der Kritik der Begriffsjurisprudenz und der Ablehnung der Freirechtslehre ist eine Methode noch nicht angegeben (S. 36). Die Anweisungen der IJP für die Gewinnung des Inhalts von Rechtsnormen seien unklar und enthielten kein nachvollziehbares Verfahren. Die IJP verlangt vom Gesetzgeber und vom Richter, die in Betracht kommenden Interessen zu ermitteln, zu werten und gegeneinander abzuwägen.

Aber der IJP sei es bisher nicht einmal gelungen, den Begriff des „Interesses" klar abzugrenzen und zu definieren. Dieser zentrale Begriff der IJP ist nach Isays Auffassung in seiner Allgemeinheit völlig nichtssagend und unbrauchbar. Abgesehen davon sei mit dem Gedanken der Interessenabwägung noch keine Methode zur Gewinnung des Inhalts der gesuchten Rechtsnorm angegeben. „Eine *Methode* müßte dem Gesetzgeber dem Richter mindestens eine Anweisung geben, nach welchen *Gesichtspunkten* er zu *werten* hat, und dann, nach welchen *Maßstäben* er die so gewerteten Interessen gegeneinander *abzuwägen* hat" (Methode, S. 39).

Ähnliches gilt für die Ausführungen der IJP über die Gewinnung der richterlichen Entscheidung. Zunächst kritisiert Isay, daß die IJP das formallogische Subsumtionsverfahren für den Normalfall richterlichen Urteilens hält. Isay weist darauf hin, daß eine Subsumtion immer eine Zurichtung des Lebenssachverhaltes erfordere, die formallogisch nicht zu leisten ist (Methode, S. 44). Gegen die Lehre der IJP, Lücken im Gesetz seien unter Bindung an die Werturteile des Gesetzgebers auszufüllen, wendet Isay ein: „die Entscheidung, daß keine passende Norm

---

[63] Die Seitenzahlen im Text mit dem Zusatz „Methode" beziehen sich auf „Die Methode der IJP" (Nr. 197), die mit dem Zusatz „IJP und Patentrecht" auf „IJP und Patentrecht" (Nr. 209).

vorliege, setzt ... schon die Sachentscheidung des Falles voraus," weiterhin: „die Ermittlung der Werturteile des Gesetzgebers ist im Fall des Fehlens einer Norm keine leicht zu lösende Aufgabe für den Richter" (Methode, S. 44).

Er wirft der IJP vor, dem Richter anzuweisen, Interessen zu werten und abzuwägen, ihm aber keine „Methode" an die Hand zu geben, nach der er diese Wertung und diese Abwägung vornehmen könnte. Der Richter bleibe vielmehr völlig seinem eigenen Gefühl und seiner eigenen Lebenserfahrung überlassen. Der IJP stellt mit dem Gedanken der Interessenabwägung eine Aufgabe, gibt aber keine Methode (Methode, S. 45, 46).

Um ihrem Anspruch zu genügen, müßte die IJP nach Isays Ansicht zunächst eine materielle Wertlehre erarbeiten und Maßstäbe für die Abwägung von Werten entwickeln. Dies auf rationalem Weg zu erreichen, hält Isay aber gerade für unmöglich. Werte sind ja nach seiner Theorie für den Verstand nicht erfaßbar, rational ist nicht zu Wertungen zu gelangen.

„Will die IJP ernstlich auf die Verwendung des Gefühls verzichten, so bedeutet das, daß sie auf die Wertung und ebenso auf die Abwägung der Werte verzichtet. Eine ‚rationale' Wertungslehre gibt es nicht" (Methode, S. 40). Die IJP kann also nach Isays Auffassung ihren Anspruch überhaupt nicht erfüllen, da ein rationales Verfahren der Rechtsgewinnung nicht möglich ist.

Isays Ablehnung der IJP gründet sich aber letztlich nicht auf die ihr vorgeworfene Inhaltslosigkeit und wissenschaftliche Unhaltbarkeit. Für ihn ist entscheidend, daß sie im Grunde dem Positivismus verhaftet bleibt und auf eine inhaltliche Bestimmung des Rechts verzichtet. Isay wendet sich „gegen die Verdrängung des Rechtsgefühls aus der ihm gebührenden Stellung, die mit Notwendigkeit zu einer Minderung der Idee der Gerechtigkeit führen mußte" (IJP und Patentrecht, S. 124). Diese Warnung ist nun allerdings nicht mehr gegen einen parlamentarischen Gesetzgeber gerichtet. Sie erfolgte 1935, als sich Rechtsprechung und Rechtslehre wieder dem Positivismus zuwandte, jetzt allerdings einem „Führerbefehlspositivismus".

6. Zusammenfassung

Isays Methodenkritik geht aus von einer Untersuchung der Realität richterlicher Urteilsfindung. Isay übernimmt wesentliche Elemente der freirechtlichen Kritik und fügt ihr eine grundlegende Untersuchung des Verhältnisses von Sachverhalt und Norm hinzu. Mit dem Nachweis der Irrationalität richterlicher Rechtsfindung sucht Isay seine Theorie vom Rechtsgefühl und der Entscheidungsfindung durch Wertfühlen zu stützen. Dabei verwendet er den Begriff „Rechtsgefühl" allerdings äquivok: in der Methodenkritik, in einem weiteren, auch psychologischen und soziologischen Sinn, ansonsten nur im Sinn phänomenologischen Wertfühlens.

Isays Theorie von der Entscheidung ist vor dem Hintergrund seiner Rechtsgefühlstheorie zu sehen. Die Urteilsfindungstheorie ergänzt das irrationalistische Naturrecht auf dem Gebiet juristischer Methodenlehre. Im Unterschied zu früheren naturrechtlichen wie positivistischen Rechts theorien ist bei Isay die „Rechtsidee" nicht von der Gewinnung konkreter juristischer Urteile getrennt. Die Rechtsidee ist in die Entscheidungsfindung selbst integriert. In der konkreten Entscheidung — und nur in ihr — manifestiert sich die Rechtsidee jeweils unmittelbar. Es gibt keine Kriterien außerhalb der Entscheidung selbst, ihre Gerechtigkeit zu überprüfen.

Isay beschreibt die Irrationalität richterlicher Rechtfindung nicht nur, er heißt sie auch gut und fordert sie. Nach Isays Theorie von der Entscheidung ist der Richter schon bei der Findung des Urteils völlig frei von gesetzlichen Bindungen, nur seinem Rechtsgefühl unterworfen. Nicht nur stehen Gesetze unter dem „Recht", Gesetzen ist auch die Funktion genommen, richterliches Handeln überhaupt anzuleiten. Isay plagt nicht die Sorge Radbruchs, die Destruktion des Subsumtionsmodells könne die Gesetzesunterworfenheit des Richters gefährden — ihm gehe es gerade darum, den Richter vom staatlichen Gesetz freizustellen, die Richter sollen „wagen, ihr Rechtsgefühl und ihre praktische Vernunft reden zu lassen" (S. 66).

Isays Urteilsfindungstheorie hat wie seine Rechtsgefühlstheorie die Funktion, das Parlament zugunsten der konservativen Richterschaft zu entmachten. Statt an das Gesetz bindet Isay richterliches Handeln an ein Rechtsgefühl, das sich als Mystifizierung der bürgerlich-liberalen Ideologie darstellt.

Auch wenn Isay die Kontrolle von Entscheidungen an Normen fordert, ist das nicht als — widersprüchliche — Rückkehr zu Gesetzestreue anzusehen. Daß mit Gesetzen willkürlich umgegangen werden kann und soll, lehrt er in seiner „Technik der Rechtsprechung".

Seine Forderung nach Kontrolle an Normen trägt Isay am vehementesten als Kritik der Rechtsprechung im Wirtschaftsrecht vor und expliziert sie fast ausschließlich an Fällen, in denen keine gesetzliche Regelung bzw. nur Generalklauseln vorhanden sind. Für dieses Gebiet also mißt er ihr Bedeutung zu, weniger für das Gebiet intensiv kodifizierten und dogmatisierten Rechts. Der Kampf gegen die besinnungslose Verwendung von Generalklauseln im Wirtschaftsrecht und die Auseinandersetzung mit Rosental zeigen, worauf es ihm ankommt. Für das kapitalistische Wirtschaftssystem ist eine unreflektierte Gefühlsjurisprudenz im Wirtschaftsrecht unerträglich. Isay hat erkannt, daß eine Entformalisierung des Rechts ökonomisch notwendig geworden war, aber sie erforderte die Berücksichtigung der realen wirtschaftlichen und sozialen Verhältnisse. Dort wo es um wirtschaftliche Interessenkonflikte ging, entsprach eine Entscheidungspraxis, die sich an moralischen Wertungen ausrichtete, nicht mehr den Funktionsbedingungen einer hochentwickelten kapitalistischen Wirtschaft. Deshalb fordert Isay auf dem Gebiet des Wirtschaftsrechts, daß die Richter in ihren Begründungen statt moralischer Wertungen Normen angeben, die auf der Erkenntnis der realen wirtschaftlichen Gegebenheiten basieren.

Die Forderung nach Kontrolle an Normen bedeutet bei Isay also in erster Linie, im Wirtschaftsrecht detaillierte Regeln der Entscheidung aufzustellen, statt sich auf Leerformeln zu berufen. Die Begründung mit staatlichen Gesetzen dagegen ist für Isay meist nichts weiter als ein Griff in die Trickkiste juristischer Methodenlehre.

Isays Lehre erfüllt also eine zweifache Funktion: Hinsichtlich gesellschaftlicher Umgestaltungen erlaubt und will sie Entmachtung des Gesetzgebers, im Bereich von Wirtschaft und Handel fordert sie von der Rechtsprechung mehr Berechenbarkeit, stärkere Ausrichtung an den Bedürfnissen kapitalistischer Wirtschaft. Wie im rechtsphilosophischen Ansatz einer nur individuell möglichen Rechtserkenntnis zeigt sich hier eine „Privatisierung des Rechts".

Die Kritik Isays an der IJP macht nochmals deutlich, daß es für Isay kein rationales Verfahren der Entscheidungsfindung geben kann. Wertung, als Kern richterlichen Handelns erkannt, ist für ihn notwendig irrational. Sie zeigt aber auch, daß Isay den gegen staatliche Macht gewendeten, humanistisch geprägten Naturrechtsgedanken auch dann noch aufrecht erhält, als nicht mehr Parlament und demokratische Regierung, sondern faschistisches Regime die Gesetzgebung kontrolliert. Dies war, wie die Geschichte der deutschen Rechtswissenschaft und Rechtsprechung zeigt, durchaus keine Selbstverständlichkeit.

IV. Wirkung

1. Zeitgenössische Rezensionen zu ‚Rechtsnorm und Entscheidung'

„Rechtsnorm und Entscheidung" erregte große Aufmerksamkeit unter den zeitgenössischen Juristen. In fast jeder juristischen Fachzeitschrift erschienen — meist bemerkenswert ausführliche — Rezensionen[64].

Diese erste Reaktion war durchweg äußerst positiv. Zum Teil war das Lob geradezu überschwenglich. Exemplarisch ist das Urteil Smoschewers: „Die Fülle der Gedanken, der scharf durchdachte Aufbau der Ideenreihen, die umfassenden Hinweise auf die rechtsphilosophische und -historische und allgemeinphilosophische Literatur des In- und Auslandes und nicht zuletzt die hier scharf pointierte, dort zu poetischem Schwung sich erhebende Sprache machen die Lektüre des Werkes zu einem wirklichen Genuß[65]." Auch in der inhaltlichen Kritik stimmen die Rezensenten sehr weitgehend überein.

Auf Zustimmung bzw. keine ausdrückliche Ablehnung trifft der irrationalistische Ansatz Isays und seine Hinwendung zur phänomenologischen Methode[66]. Konsens besteht auch darüber, daß die Entscheidungen nicht allein durch logische Ableitung aus Normen gefunden werden können. Damit hört die Zustimmung, die Isay findet, im wesentlichen aber schon auf.

Sein Begriff vom Recht als der Gesamtheit der Entscheidungen und seine Auffassung vom absoluten Vorrang der Entscheidung vor der Norm findet keine Anhänger.

Die These Isays, daß allein das naturgegebene Rechtsgefühl und in gar keiner Weise Normen Einfluß auf die Entscheidung hat, wird allgemein abgelehnt[67]. Der Einwand hiergegen lautet meist, daß das Rechtsgefühl des Richters gerade durch die Beschäftigung mit den Rechtsnormen geformt wird[68]. Die Ablehnung der unmittelbaren Bindung des Richters an das staatliche Gesetz wird von keinem Rezensenten geteilt, genausowenig wird ein richterliches Prüfungsrecht befürwortet. Man kritisiert auch die antithetische Gegenüberstellung von

---

[64] Die Rezensionen sind in der Bibliographie unter Nr. 331 - 350 aufgeführt; eine nachgelassene Besprechung von *Bendix* ist jetzt veröffentlicht in: Bendix, Psychologie der Urteilstätigkeit, S. 391 - 400.

[65] *Smoschewer* (Nr. 347), S. 1265; (*Bendix*, Psychologie der Urteilstätigkeit, S. 393, bemängelt dagegen zu Recht die völlige Vernachlässigung marxistischen Schrifttums) *Wieruzowski* (Nr. 350), rühmt u. a. den „wissenschaftlichen Ernst, durchdringenden Scharfsinn, Kühnheit, Gedankenflugs und Besonnenheit der Begründung" und rückt Isay in die Nähe Nietzsches; vgl. auch *Baumbach* (Nr. 331) „eine der bedeutendsten Erscheinungen der letzten Jahre auf dem Gebiet des juristischen Schrifttums".

[66] *Wieruzowski* (Nr. 351), S. 44: „... ganz in der geistigen Strömung unserer Zeit ..."; zustimmend auch *Geiler* (Nr. 335), S. 562.

[67] Vgl. z. B. *Smoschewer* (Nr. 347), S. 1270; *Geiler* (Nr. 335), S. 562; *Schönfeld* (Nr. 345), S. 100.

[68] Vgl. insbesondere *Bendix*, Psychologie der Urteilstätigkeit, S. 398 und *Geiler* (Nr. 335), S. 562.

Staat—Rechtsgemeinschaft und entsprechend Macht—Recht[69]. Als ein wesentlicher Mangel der Untersuchung, der die innere Geschlossenheit des Werks zerstört, erscheint die Beschränkung ihrer Aussagen auf das Gebiet des Verkehrsrechts.

Grundsätzliche Kritik erfährt Isay unter drei Aspekten: Ihm wird Subjektivismus[70], extremer Individualismus[71] und Produktion bürgerlicher Ideologie im Gewande „voraussetzungsloser Wissenschaft"[72] vorgeworfen. Wieruzowski bemängelt, daß es bei Isay letztlich keinerlei objektive Kriterien für die richterlichen Urteile gebe, diese völlig dem subjektiven Ermessen des Richters anheimgestellt seien[73].

Geiler stellt fest, daß Isay das Recht nur vom Individuum her und nicht gesellschaftlich begreift[74]. Schaffung und Weiterentwicklung des Rechts werden nicht als kollektive Aufgabe verstanden, sondern allein auf die Ebene individueller Entscheidung verlagert.

Grundlage für die umfassende Kritik, die Bendix leistet, ist die Reflexion der uneingestandenen politischen Prämissen, die sich bei Isay hinter dem Ideal unpolitischer, „voraussetzungsloser" Wissenschaftlichkeit verbergen.

„Wer diese wissenschaftliche Voraussetzungslosigkeit für sich in Anspruch nimmt, und wer gar, wie Isay, das Rechtsgefühl der ihm geistig und politisch trotz aller Meinungsverschiedenheiten im einzelnen nahestehenden Richter als Quelle und Schöpfer des Rechts, ja geradezu als das Recht ausgibt, merkt gar nicht, daß er damit eine die Entscheidung bereits in sich bergende politische Voraussetzung macht, nämlich die rückhaltlose Bejahung des vorhandenen Gesellschaftszustandes und des in ihm nach seiner Ansicht geltenden, von ihm gebilligten Rechtszustandes einerseits und das Vertrauen zu den Rechtsschöpfern, unserer Richtergeneration, andererseits[75]."

Als politische müsse für Isay somit die Frage nach der gesellschaftlichen Bedingtheit des Rechtsgefühls ungestellt bleiben. Isay könne nur feststellen, daß das Rechtsgefühl die Entscheidung bestimmt und eine formale Zusammensetzung des Rechtsgefühls beschreiben, aber keine inhaltliche Bestimmung der irrationalen Kräfte geben, die die

---

[69] Besonders *Schönfeld* (Nr. 346), S. 100; *Geiler* (Nr. 336), S. 565.
[70] *Wieruzowski* (Nr. 350), S. 46.
[71] *Geiler* (Nr. 336), S. 566 u. ö.
[72] *Bendix*, Psychologie der Urteilstätigkeit, S. 397 f.
[73] *Wieruzowski* (Nr. 350), S. 46.
[74] *Geiler* (Nr. 335), S. 566.
[75] *Bendix*, Psychologie der Urteilstätigkeit, S. 397/398.

Urteilstätigkeit leiten. Damit bleibt nach Ansicht von Bendix aber gerade die entscheidende, allein interessierende Frage offen[76].

Der Freirechtsbewegung wird Isay in diesen Rezensionen nicht zugeordnet. Es wird lediglich vermerkt, daß bei ihm auch Gedanken auftauchen, die der freirechtlichen Lehre ähnlich sind[77].

Nur Kanigs bezeichnet Isay in seiner Dissertation „25 Jahre Freirechtsbewegung" (1932) als Freirechtler. Er gebraucht den Ausdruck allerdings als Sammelbezeichnung für alle Gegner der formalen Begriffsjurisprudenz[78]. Isay wird innerhalb der so verstandenen Freirechtsbewegung der „Gefühlsjurisprudenz" zugeordnet und ausführlich referiert[79]. Insbesondere Isays philosophisch überhöhter Irrationalismus trägt ihm die schwärmerische Zustimmung Kanigs ein[80].

2. Die Kontroverse mit Philipp Heck[81]

Heck erhob den Anspruch, mit der von ihm vertretenen „Interessenjurisprudenz" eine Methode zur rationalen Urteilsfindung durch Gesetzesanwendung zu bieten[82]. In Isays Leugnung jeglicher Möglichkeit rationaler Entscheidungsfindung sah er einen schwerwiegenden Angriff auf seine Lehre, die gerade im Begriff stand, beherrschenden Einfluß auf die zivilrechtliche Rechtsprechung und in der Zivilrechtswissenschaft zu gewinnen[83].

Heck stellte die Auseinandersetzung mit Isay, der er zunächst in seinem wichtigen theoretischen Werk „Begriffsbildung und Interessenjurisprudenz" breiten Raum einräumte, schon bald als eine Verteidigung der IJP gegen Angriffe der Freirechtslehre dar[84]. Heck ist der erste, der Isay als einen „Hauptvertreter der Freirechtsbewegung" bezeichnet[85].

---

[76] Ebd., S. 398.

[77] *Smoschewer* (Nr. 347), S. 1268.

[78] Dazu kritisch: *Larenz*, Methodenlehre², S. 63 Fn. 5; *Riebschläger*, Freirechtsbewegung, S. 11; ähnlich wie *Kanigs* neuerdings *Lombardi*, Geschichte des Freirechts, S. 30 ff.

[79] *Kanigs*, Freirechtsbewegung, S. 62 ff.

[80] S. 62: Rechtsnorm und Entscheidung sei das „... bedeutsamste Erzeugnis des ganzen Jahrzehnts nach dem Krieg!"

[81] Die Auseinandersetzung beginnt bei *Heck*, Begriffsbildung. S. 116 ff.; Isays Gegenangriff erfolgt mit: Methode der IJP (Nr. 197) (dazu oben III., 5.); darauf *Heck*, Die Leugnung der IJP durch Hermann Isay; dann *Heck*, Besprechung von Isays Rechtsgut des Wettbewerbs; *Isay*, Patentrecht und IJP (Nr. 209); schließlich *Heck*, Die IJP und ihre neuen Gegner, 1936.

[82] *Heck*, Begriffsbildung, S. 28, 222 und passim.

[83] *Wieacker*, Privatrechtsgeschichte², S. 574 f.

[84] *Heck*, Begriffsbildung, S. 118; ders., Leugnung, S. 64.

[85] *Heck*, Leugnung, S. 64.

Hatten die ersten Kritiker Isay in der Annahme irrationaler Elemente bei der Urteilsfindung meist zugestimmt und lediglich auf eine gewisse Abhängigkeit des Rechtsgefühls von bestehenden Normen hingewiesen, so bestreitet Heck grundsätzlich die Irrationalität des Entscheidungsprozesses.

„Eine Entscheidung durch logische Subsumtion ist daher ohne Selbsttäuschung möglich und, wie jeder Richter weiß, ein alltäglich geübter Vorgang, wenn schon in Begleitung einer bestehenden unbewußten Gefühlskontrolle[86]."

Die intuitive Urteilsfindung, die auch Heck als möglich anerkennt, soll lediglich auf einer „verkürzten Subsumtion", einer im Unbewußten vollzogenen Interessenabwägung beruhen. Durch Reflexion könne und müsse der Richter sich diese Interessenabwägung bewußt machen[87]. Auch das intuitive Urteil wird somit als letztlich rational und vom Gesetz hergeleitet begriffen.

So wendet sich Heck auch heftig gegen die von ihm als „die Illusion der freien richterlichen Tatbestandswahl" bezeichnete These Isays, daß bereits die Auswahl der „wesentlichen" Elemente aus dem Prozeßmaterial durch den Richter die Entscheidung des Falles enthält[88]. Heck hält dem entgegen, daß doch das Gesetz vorschreibe, welche Aspekte eines Falles von rechtlicher Bedeutung sind.

Die bedeutsame Erkenntnis Isays, daß „Entscheidung" nicht erst mit Überlegungen — seien sie am Gesetz ausgerichtet oder nicht — über die Lösung eines „Falles" beginnt, wird damit überhaupt nicht diskutiert, keinesfalls widerlegt.

Die Beschreibung der richterlichen Praxis durch Isay, wonach die deutschen Richter in Wirklichkeit eine Bindung an das Gesetz überhaupt nicht beachteten, beruht nach Hecks Auffassung auf demselben Irrtum wie die Freirechtslehre Stampes: „Wer die historische Gesetzesauslegung verwirft und deshalb Wortlaut und Gesetz identifiziert, muß in einer Abweichung eines Urteils vom Wortlaute, das gerade durch Gesetzestreue gefordert werden kann, schon ein Zeugnis für die Abweichung des Richters vom Gesetz erblicken[89]."

Eine derartige Identifikation ist aber bei Isay nicht zu entdecken. Isay beruft sich ja nicht darauf, daß bestimmte Urteile „vom Gesetz abweichen", sondern er stellt fest, daß sich jedes beliebige Urteil rechtswissenschaftlich einwandfrei aus dem Gesetz herleiten läßt. Er be-

---
[86] Ebd., S. 60.
[87] *Heck*, Begriffsbildung, S. 111, 116 ff.
[88] *Heck*, Leugnung, S. 59 ff.
[89] *Heck*, Begriffsbildung, S. 119.

streitet die Fähigkeit des Gesetzes, irgendeine Bindung auf den Entscheidenden auszuüben.

Isays Kritik an der Interessenjurisprudenz, dem Richter keine inhaltlichen Kriterien für die von ihr geforderte Interessenabwägung an die Hand zu geben, beantwortet Heck mit dem Vorwurf, daß dabei seine Lehre von der „Fernwirkung gesetzlicher Werturteile" nicht berücksichtigt werde[90].

Hiermit hat Heck insoweit recht, als Isay diese Lehre tatsächlich nur kurz erwähnt[91]. Aber zum einen bezieht sich Isay gerade auf die nicht seltenen Fälle, in denen Werturteile des Gesetzgebers nicht ermittelbar sind und der Richter von Heck schlicht auf die „Eigenwertung" verwiesen wird. Zum anderen muß auch für die Ermittlung „gesetzlicher Werturteile" der Inhalt von Normen interpretativ festgestellt werden. Ist „Auslegung" aber stets nur Bestätigung eines vorher — irrational — gefundenen Ergebnisses, wie Isay behauptet, so werden den Richtern mit dem Verweis auf die gesetzlichen Werturteile in der Tat Steine statt Brot angeboten.

In nationalsozialistischer Zeit entdeckte Heck die Gefahr, die von Isays Lehre für die Durchsetzung staatlicher Gesetze ausgeht:

„Die Forderung Isays, daß der Richter ohne Bindung durch das Gesetz nur nach seinem Gefühl entscheidet, muß ich nach wie vor ablehnen. Wie sollten die Gesetze der Gegenwart, z. B. die Rassengesetzgebung, überhaupt ins Leben treten, wenn jeder Richter sie ablehnen dürfte und müßte, sobald sie seinem Gefühlsurteile widerstreben. Isays Lehre wäre das Ende für die Unabhängigkeit der Richter[92]."

Ein grundlegender Unterschied zwischen Interessenjurisprudenz und der Lehre Isays tritt hier zutage: Die Interessenjurisprudenz ist eine formale Kunstlehre der Gesetzesanwendung, die sich einer inhaltlichen Ausfüllung auch durch die faschistische Ideologie nicht verschließt. Bei Isay wird die richterliche Urteilsfindung an eine irrational vermittelte, transpositive Wertordnung gebunden.

Einen Umschwung in der Methodendiskussion führte die Kritik Isays an der Interessenjurisprudenz nicht herbei. Die Methodenlehre Heck behielt und erweiterte ihre beherrschende Stellung in der Privatrechtswissenschaft[93]. Seit der Kontroverse mit Heck, die dieser unter

---

[90] *Heck*, Leugnung, S. 53.
[91] *Isay*, Methode, S. 44.
[92] *Heck*, Die IJP und ihre neuen Gegner, 1936, S. 331 Fn. 226. Ob die in dem Zitat implizit enthaltene Kritik an der Rassengesetzgebung beabsichtigt war, erscheint ebensowenig nachweisbar, wie der Verdacht, daß Heck hier darauf anspielt, daß Isay selbst von den Rassegesetzen betroffen war.
[93] Vgl. dazu *Boehmer*, Grundlagen II/1, S. 212.

das Motto: Interessenjurisprudenz gegen Freirecht gestellt hatte, wird Isay meist der Freirechtsbewegung zugerechnet.

Daß Isays Theorie sich gegen die gesetzespositivistische Interessenjurisprudenz nicht durchzusetzen vermochte und keine Anhängerschaft unter den deutschen Richtern fand, läßt oben getroffene Feststellungen widersprüchlich erscheinen:

Wenn Isays emotionales Naturrecht eine vordemokratische Ideologie war, die der Aufrechterhaltung der Privilegien und Machtpositionen des Bürgertums diente, und wenn die Richter der damaligen Zeit tatsächlich konservativ und antidemokratisch eingestellt waren, erschiene es doch als folgerichtig, daß sie die neue Theorie dankbar aufgegriffen hätten.

Naheliegend wäre es, nun anzunehmen, daß die deutschen Juristen durch die Ablehnung der Isayschen Rechtstheorie bewiesen, daß sie der Republik doch loyaler gegenüberstanden als vielfach angenommen. Allein die Rechtsprechung des Reichsgerichts in der politischen Strafjustiz und die Haltung der meisten Juristen im Streit um die Aufwertungsgesetzgebung lassen diesen Schluß als kaum haltbar erscheinen. Selbst die übergroße Mehrheit der Stimmen, die die Erklärung des Richtervereins zur Aufwertungsgesetzgebung tadelten, nahm weniger an der Tendenz zur Mißachtung und Verkehrung des eindeutigen Willens des verfassungsmäßigen Gesetzgebers Anstoß, als an der offenen Form des Ausdrucks dieser Mißachtung — man fand das Vorgehen der Reichsrichter „wenig taktvoll".

Auch in den Rezensionen von „Rechtsnorm und Entscheidung" wird — außer bei Bendix — Isays Auffassung nie mit dem Hinweis auf die politischen Hintergründe und Folgen abgelehnt, sondern gerade die antiparlamentarischen Tendenzen der Theorie treffen oft auf Wohlwollen. Es schwingt Bedauern mit, wenn man — allein aus Gründen der Rechtssicherheit — Isays Theorie ablehnen muß. Erst in nationalsozialistischer Zeit fallen Heck die gesellschaftlichen Folgen größerer Richtermacht auf.

Vielmehr war im Lager der konservativen Rechtswissenschaft seit dem Aufwertungsstreit wohl anerkannt worden, daß mit der Forderung nach solch absoluter Richtermacht die Frage nach der Macht im Staate gestellt worden wäre. Bei der damaligen politischen Konstellation konnte ein derartiger Machtkampf aber noch nicht als unbedingt erfolgversprechend beurteilt werden. Die Gefahr war nicht auszuschließen, daß nach der Gesetzgebung auch noch die Rechtsprechung der Herrschaft der Bourgeoisie entgleiten würde — die Forderung nach Richterwahl, Volksrichter gab es schon länger.

Isays Theorie, die offen aussprach, daß die Rechtsprechung nicht an Mehrheitsentscheidungen des Parlaments, sondern nur an das Rechtsgefühl eines bestimmten Standes gebunden sein sollte, war also politisch gefährlich.

Die Interessenjurisprudenz hingegen hielt offenkundig am Prinzip der Gesetzesgebundenheit fest, lehrte weiter die subsumierende Anwendung des Gesetzes. Sie bot aber gerade durch ihre, den Richter vom Gesetzeswortlaut befreiende Methode, durch den unscharfen Begriff des „Interesses" und durch die Anerkennung der beherrschenden Stellung des § 242 BGB der Rechtsprechung so weitgehende Interpretationsmöglichkeiten, daß unliebsame Gesetze auch mit ihr erfolgreich desavouriert werden konnten. Gerade die Rechtsprechung seit Beginn der Weimarer Republik zeigt — was auch Isay nachwies —, wie leicht hinter der Fassade des Positivismus völlige Freiheit vom Gesetz praktiziert werden konnte. Diese Rechtsprechung wurde dann von der Interessenjurisprudenz als ihr Erfolg beansprucht[94].

Mit der Interessenjurisprudenz konnte die Rechtsprechung die Interessen des Bürgertums bestens schützen, ohne aber eine politische Kraftprobe zu provozieren. Daß die Interessenjurisprudenz keinesfalls fortschrittlich gemeint war, belegt Heck selbst sehr ausführlich in seiner Schrift, in der er die Interessenjurisprudenz dem Faschismus andient[95].

Isays Methodenkritik mußte zudem die Autorität und damit die Macht der Juristen schmälern, die doch auf dem Anspruch — oder eher Mythos — von der durch Wissenschaftlichkeit gewährleisteten Objektivität und Rationalität der juristischen Entscheidung beruht.

Wenn Urteile sowieso irrational entstehen, wäre es einer demokratischen Öffentlichkeit schwer einsichtig zu machen, wieso es allein auf das Rechtsgefühl des Richterstandes und damit des Bürgertums ankommen sollte. Auch die Frage der Unabhängigkeit der Richter erhielte dadurch einen neuen, für die bestehenden Verhältnisse gefährlichen Aspekt. Auch hier hat die Interessenjurisprudenz den Vorzug Rechtsfindung als das Produkt rationaler, berufsspezifischer Technik darzustellen. Für eine konservative juristische Öffentlichkeit enthielt Isays Methodenkritik zu viele geradezu revolutionäre Elemente.

Diese Überlegungen bieten sich für eine plausible Erklärung der Frage an, wieso Isays Theorie sich nicht gegen die Interessenjurisprudenz durchsetzen konnte. Freilich ist auch zu berücksichtigen, daß Isays

---

[94] Ausführlich hierzu *Rosenbaum*, Naturrecht, S. 72 ff.; *Franssen*, Positivismus.
[95] *Heck*, Die IJP und ihre neuen Gegner, 1936.

Theorie lediglich vier Jahre ungehindert diskutiert werden konnte und für ihn die Möglichkeit, eine breite Anhängerschaft zu finden, nicht mehr bestand.

3. Kritik in nationalsozialistischer Zeit

Die nationalsozialistische Machtergreifung von 1933 brachte die Diskussion über Isays Werk fast völlig zum Erliegen[96].

Erklären läßt sich dies mit der nun einsetzenden faschistischen „Rechtserneuerung"[97]. Für diese stand im Vordergrund die inhaltliche Umgestaltung des Rechts auf allen Gebieten; methodologische Untersuchungen wurden vielfach als „abseits liegend" betrachtet[98]. Auch mag Isays jüdische Abstammung vielfach dazu beigetragen haben, eine faire Auseinandersetzung mit seinen Gedanken für inopportun zu halten[99]. Für überzeugte Nationalsozialisten jedenfalls konnte er nicht mehr zitierfähig sein[100]. Inhaltlich widersprach Isays Bekenntnis zum Liberalismus und Individualismus im höchsten Maß der faschistischen Ideologie und ihrer „Rechtstheorie"[101], so diffus[102] diese auch war. Allerdings kam sein Irrationalismus und seine Ablehnung des Gesetzespositivismus starken Tendenzen in der nationalsozialistischen Rechtsideologie entgegen[103]. Aber bei Isay wird das Gesetz durch ein auf klassisch humanistische Werte gerichtetes Rechtsgefühl ersetzt — nicht aber von einem „konkreten Ordnungsdenken", einem „Plan des Füh-

---

[96] Soweit ersichtlich wird Isay in den rechtstheoretischen Werken der NS-Zeit kaum mehr erwähnt. Die wenigen Ausnahmen: *Heck*, Die IJP und ihre neuen Gegner, 1936, S. 331 Fn. 226; *Horvath* (ein Ungar), Rechtssoziologie, 1934, S. 139, 217, 254 (nur kurze Erwähnungen Isays); *Dnistrjanskyi* (Ukrainer), Beiträge zur juristischen Methodologie AcP 141 (1935), S. 144, 160; im Ausland (Emigration) *F. Neumann*, Funktionswandel (1937), S. 62; ausführliche Auseinandersetzung mit Isay nur bei *Schwinge*, Irrationalismus und Ganzheitsbetrachtung in der deutschen Rechtswissenschaft, 1938, S. 14 ff., 36 ff. und bei *Forsthoff*, Recht und Sprache, 1940, S. 27 ff. Daß Isays Ansichten in den 12 Jahren nationalsozialistischer Herrschaft nur von drei deutschen Rechtswissenschaftlern zitiert bzw. diskutiert wurde, erscheint angesichts des Echos vor 1933 bzw. nach 1945 als ein durch die faschistische Herrschaft bedingtes Totschweigen.

[97] Vgl. dazu *Rüthers*, Unbegrenzte Auslegung, S. 98 ff.

[98] Dazu kritisch *Schwinge*, Irrationalismus, S. 66.

[99] Vgl. dazu schon oben 1. Teil, I.

[100] Siehe *H. Franks* Rede über „Die Juden in der Rechtswissenschaft" in DR 1936, S. 394 ff., wo ein Zitierverbot bzw. besondere Vorschriften für das Zitieren jüdischer Rechtswissenschaftler aufgestellt werden.

[101] Vgl. dazu *Carl Schmitt*, Staat, Bewegung, Volk. 1933.

[102] Dazu *Rosenbaum*, Naturrecht, S. 149 ff.; *Franssen*, Positivismus, S. 768; *Rüthers*, Unbegrenzte Auslegung, S. 99 ff.

[103] Vgl. z. B. *C. Schmitt*, Kodifikation oder Novelle, DJZ 1935, Sp. 919 ff. (925); *Rüthers*, Unbegrenzte Auslegung, S. 136 ff., 293 ff.

rers" oder der „völkischen Rechtsidee". So war Isays Werk auch inhaltlich nicht für die „Rechtserneuerung" verwertbar, konnte wegen seiner Ablehnung von Rationalismus und Gesetzespositivismus aber schlecht pauschal verdammt werden.

Vor diesem Hintergrund ist die Kritik an Isay in dieser Zeit zu sehen. Sie ist nun immer gleichzeitig eine mehr oder weniger verhüllte Kritik an den antipositivistischen und irrationalen Elementen faschistischer Rechtstheorie. Sie dient der Verteidigung des Rechtspositivismus als letzter Bastion liberaler Rechtsstaatlichkeit und einer gewissen Unabhängigkeit der Rechtsprechung[104].

Schwinge wendet sich mit seiner Schrift „Irrationalismus und Ganzheitsbetrachtung in der deutschen Rechtswissenschaft" (1938) gegen die Auflösung der streng begrifflichen Bestimmtheit der Strafbarkeit durch die irrationale „Gesamtheitsbetrachtung" und „Wesensschau", wie sie im Strafrecht insbesondere von Dahm propagiert wurde[105].

Diese Lehren werden als „Nachblüte" des Irrationalismus angesehen, der zuerst durch Isay und Bendix Eingang in die deutsche Rechtswissenschaft gefunden habe[106]. Schwinge räumt allerdings ein: „Daß dieser Neuirrationalismus von den Lehren Isays und Bendix in keiner Weise beeinflußt worden ist, kann als sicher angenommen werden[107]." Aber auch am Beispiel Isays sucht er die Unhaltbarkeit des Irrationalismus nachzuweisen.

Schwinge bestreitet grundsätzlich, daß irrationale Elemente bei der Urteilsfälschung mitspielen. In bezug auf Bendix wird dies als marxistische Propaganda gegen den Richterstand bezeichnet[108]. Auch die These, daß die Ergebnisse formal-logischer Gesetzesanwendung beliebig seien, wird als unzulässige Verallgemeinerung von Ausnahmefällen bezeichnet[109].

Intuitive Rechtsfindung, wie sie Isay vorschwebt, führe zum Subjektivitsmus, zu einer „untragbaren Entfesselung richterlichen Ermessens"[110]. Schließlich wird Isay „zersetzender und herabwürdigender Relativismus" vorgeworfen: „Man vergegenwärtige sich nur einmal die Empfindungen eines vom Gericht Verurteilten, ..., wenn diesem jemand

---

[104] Ausführlich zur Rolle des Positivismus im Dritten Reich: *Franssen*, Positivismus; *Rosenbaum*, Naturrecht, S. 146 ff.
[105] *Dahm*, Verbrechen und Tatbestand, in: Grundfragen der neuen Rechtswissenschaft, 1935, S. 63 ff.
[106] *Schwinge*, Irrationalismus, S. 13 ff., 16.
[107] Ebd., S. 16 Fn. 66.
[108] Ebd., S. 12.
[109] Ebd., S. 37.
[110] Ebd., S. 36.

sagen würde, aus dem Gesetz sei logisch auch die entgegengesetzte Entscheidung herzuleiten gewesen, und ein Freispruch habe logisch ebenso im Bereich des Möglichen gelegen wie eine Verurteilung. Es ist nicht schwer, sich auszumalen, was ein solcher Mann von der Justiz sagen und denken würde ... So richtet sich der Irrationalismus innerhalb der Rechtswissenschaft auch durch diese Schäden, die er dem Ansehen der Justiz und dem Vertrauen in sie zuzufügen geeignet ist[111]."

Wichtig an diesem Beispiel ist, daß hier ein Gesichtspunkt in aller Deutlichkeit angesprochen wird, der häufig — offen oder versteckt — die Kritik an Isay bestimmt: Der Nachweis der Irrationalität richterlicher Urteilsfindung würde für die Justiz Verlust ihres Prestiges und ihrer Legitimationsbasis bedeuten. Eine Analyse mit einem derartigen Ergebnis darf daher nicht richtig sein[112]. Eine Tatsachenbehauptung wird hier mit einer Folgendiskussion angegriffen.

Obwohl gerade Schwinge irrationalistische Ansätze in der Wissenschaft analysiert und kritisiert, geht er nur auf Isays Beobachtung von der Irrationalität richterlichen Entscheidens ein, nicht aber darauf, daß Isay auch eine irrationalistische Forschungsmethode propagiert.

Bei Forsthoff erfolgt die Kritik an Isay im Rahmen einer Schrift[113], in der er — in Abkehr von seiner früheren Haltung — für die Erhaltung der richterlichen Unabhängigkeit eintritt, die für ihn nur im Rahmen eines modifizierten Gesetzespositivismus möglich erscheint[114].

Isays „Rechtsnorm und Entscheidung" wird dargestellt als weitester Fortschritt einer Entwicklung, die — mit Bülows „Gesetz und Richter" beginnend — den Anteil der Richterpersönlichkeit an der Urteilsfindung entdeckt hat und sich damit von der Rechtsfindungstheorie der Pandektistik mit ihrer Beschränkung auf die wissenschaftliche Textanalyse abwendet[115]. Forsthoff sieht die Bedeutung des Buches in seiner „eingehenden und sorgfältigen Analyse des Urteilsvorgangs, in einer systematischen Herausarbeitung der logischen und sonstigen Bedingungen unter denen judiziert wird"[116].

Bemängelt wird, daß Isay dem Anteil des normativen Elements an der Rechtsfindung nicht gerecht wird, daß ohne Differenzierung „schlechthin die Norm mit dem das richterliche Erkenntnis tragenden Evidenz-

---

[111] Ebd., S. 37.
[112] Vgl. neuerdings *Kriele,* Rechtsgewinnung, S. 45 ff.
[113] Recht und Sprache, 1940.
[114] Zur Unabhängigkeit des Richters ebd., S. 32 ff.
[115] Ebd., S. 26, 27.
[116] Ebd., S. 27.

3. Abschn.: Rechtstheorie und Methodologie

Erlebnis konfrontiert" wird[117]. Zwar verbietet nach Forsthoffs Ansicht die durch Bülow und Isay vermittelte Erkenntnis vom schöpferischen Element der richterlichen Rechtsfindung eine Rückkehr zur Beschränkung auf die wissenschaftliche Textexegese. „Ebensowenig geht es an, die Rechtsfindung in der Irrationalität der einzelnen Richterpersönlichkeit untergehen zu lassen, wie es bei Isay der Fall ist[118]." Am Ende lautet der Vorwurf Forsthoffs also weniger, daß Isay die richterliche Praxis falsch beschreibe, als daß er eine nicht akzeptable Methode der Rechtsfindung anbiete — eine Methode nämlich, bei der eine Unabhängigkeit der Justiz von der politischen Gewalt nicht mehr möglich wäre.

Das zeitgenössische Echo in der juristischen Literatur zeigt trotz seines — besonders anfänglich — sehr positiven Grundtenors keine Anzeichen für eine etwaige Rezeption der Gedanken Isays. Isay fand keine Anhänger, er war weit davon entfernt, schulbildend zu wirken.

Die Grundgedanken Isays: das Rechtsgefühl als die Grundlage allen Rechts und die völlige Irrationalität der richterlichen Entscheidungsfindung werden nicht akzeptiert, ein derart umfassendes richterliches Prüfungsrecht allgemein abgelehnt. Isays zentrale Forderung an die Rechtswissenschaft, das tatsächlich geübte Verhalten der Richter zum Gegenstand ihrer Untersuchung zu machen, wird gänzlich ignoriert.

Die Kritik hatte folgende Schwerpunkte:

Abgelehnt wird der individualistische und subjektivistische Ansatz der Rechtstheorie Isays.

Seine Beschreibung der tatsächlich geübten richterlichen Entscheidungsfindung wird als unzutreffend bezeichnet. Ansätze für eine inhaltliche Widerlegung, die über eine blanke Leugnung der Ergebnisse Isays hinausgeht, bleiben spärlich[119].

Im Hintergrund der Kritik steht oft, daß das von Isay beschriebene richterliche Verhalten nicht gebilligt wird, und daß die Konsequenzen der Anerkennung seiner Analyse unerwünscht sind[120].

Vereinzelt bleibt der Einwand von Bendix, daß Isay die gesellschaftliche Bedingtheit richterlichen Handelns nicht berücksichtigt.

---

[117] Ebd., S. 27.
[118] Ebd., S. 27.
[119] Einen Ansatz bietet am ehesten *Forsthoffs* Kritik an der unvermittelten Gegenüberstellung von Norm und Evidenzerlebnis.
[120] Sehr deutlich bei *Heck* (oben IV, 2.) und *Schwinge* (oben IV, 3.) erkennbar u. a. auch bei *Forsthoff* (oben).

Isays Anspruch einer irrationalen Forschungsmethode wird überhaupt nicht kritisiert. Nirgends findet sich Widerspruch gegen den theoretischen Ausgangspunkt, daß irrationales Verhalten nicht rational erkannt werden könne.

Nicht Isays Irrationalismus wird angegriffen, sondern nur seine These von der Irrationalität richterlicher Praxis. Die erkenntnistheoretische Herkunft seiner Theorie aus der Phänomenologie wurde kaum in die Diskussion einbezogen.

Fand Isay bei seinen Zeitgenossen auch wenig Zustimmung, so hielt er doch — gerade durch die Radikalität seiner Thesen — das Interesse an Fragen wach, die zuerst von der Freirechtsbewegung aufgeworfen worden waren und die nun in Gefahr waren, lediglich als Produkt einer längst überwundenen Periode angesehen zu werden. Der bereits ins Wanken geratenen Vorstellung von der Rechtsfindung als reiner begrifflich-logischen Gesetzesanwendung versetzte Isay einen weiteren Stoß. Er machte deutlich, daß es keine Rückkehr zu einem naiven Subsumtionspositivismus mehr gab. Er zeigte aber auch auf, daß die rechtstheoretischen und methodologischen Probleme mit der Übernahme der Interessenjurisprudenz noch keinesfalls gelöst waren. Isay sorgte dafür, daß die Methodendiskussion nicht so leicht zur Ruhe kam.

Wie die Freirechtsbewegung das Interesse am „lebenden Recht" geweckt hatte, so wies Isay den Weg zur Beschäftigung mit dem tatsächlichen richterlichen Entscheidungsverhalten. Zumindest irritierte er damit eine Rechtswissenschaft, die noch beanspruchte, mit präskriptiven Entscheidungstheorien auch gleichzeitig eine Erklärung richterlichen Handelns geben zu können[121].

Der Einfluß, den Isay mit seinem Werk auf die juristische Praxis ausübte, darf nicht unterschätzt werden, wenn er auch nicht im einzelnen stringent nachweisbar ist. Daß fast alle Rezensenten von „Rechtsnorm und Entscheidung" Praktiker waren, kann als Indiz dafür genommen werden, daß Isay die Richter und Rechtsanwälte — die er ja ausdrücklich ansprechen wollte — auch tatsächlich erreichte. Die starke Beachtung, die Isay fand, ist nicht allein durch die Radikalität seiner Thesen oder die Originalität seiner Gedanken zu erklären — einiges wurde schon früher und schon oft in der Freirechtsbewegung und von Bendix vertreten.

Erstmals wurden derartige Auffassungen aber mit äußerst eingehender philosophischer Untermauerung vorgebracht. Allein die umfassende Verarbeitung abendländischer Rechtsphilosophie forderte

---

[121] Dazu *Koch,* Zur Analyse richterlicher Entscheidungen, S. 14 ff.

— deutscher Tradition entsprechend — Anerkennung und Beachtung[122]. Das Geschick, die komplizierte Materie in verständlicher, klarer und manchmal mitreißender Sprache darzustellen, machte das Buch nach dem Urteil fast aller Rezensenten gerade für Praktiker lesbar und lesenswert. Insbesondere aber war es das Werk eines bereits anerkannten, bedeutenden praktischen Juristen mit bekanntermaßen großer forensischer Erfahrung, des Verfassers von Standardkommentaren bedeutenden Monographien. Einem solchen Werk war von vornherein besonders bei Praktikern die Aufmerksamkeit sicher[123].

Aus der Ablehnung von Isays Thesen in der wissenschaftlichen Literatur kann deshalb nicht auf völlige Wirkungslosigkeit seiner Gedanken in der juristischen Praxis geschlossen werden. Insbesondere dann nicht, wenn man sich der Thse anschließt, daß trotz „offizieller" Anerkennung der positivistischen Doktrin und der Interessenjurisprudenz sich in der Rechtsprechung der Weimarer Republik und des Dritten Reiches „freirechtliche" Tendenzen immer stärker durchsetzten[124].

4. Aufnahme und Kritik seit dem Zweiten Weltkrieg

Nach dem Zweiten Weltkrieg stand in Westdeutschland der Versuch zur „Neugründung des Naturrechts"[125] im Mittelpunkt der rechtstheoretischen Diskussion[126]. Für die „Perversion" des Rechts im faschistischen Staat und das Fehlen fast jeglichen Widerstandes der Justiz hingegen wurde nun die positivistische und relativistische Rechtstheorie, in der die deutschen Juristen befangen gewesen seien, verantwortlich gemacht. Das Naturrecht sollte nun wieder dem Richter die Möglichkeit geben, zu erkennen, was „gesetzliches Unrecht" und was „übergesetzliches Recht" sei[127]. Für die philosophische Grundlegung eines neuen Naturrechts wurde in der Rechtsphilosophie zunächst vornehmlich auf die

---

[122] Siehe z. B. *Kanigs*, S. 62 f.; *Schwinge*, Irrationalismus, S. 14.

[123] Vgl. die lobenden Hinweise auf die dogmatischen Arbeiten *Isays* z. B. bei *Smoschewer*, S. 1265; *Heck*, Leugnung, S. 65.

[124] Dazu ausführlich *Rosenbaum*, Naturrecht, S. 72 ff., 146 ff.; *Franssen*, Positivismus.

[125] So der Untertitel der vieldiskutierten Schrift *Coings*: Die obersten Grundsätze des Rechts, 1947.

[126] Vgl. die Darstellung der Hauptrichtungen der Naturrechtsdiskussion bei *Th. Würtenberger*, Wege zum Naturrecht; ders., Neue Stimmen; dazu auch *Rosenbaum*, Naturrecht, S. 106 f.

[127] Dazu die für die Naturrechtsrenaissance einflußreichen Schriften *Radbruchs*, in: ders., Der Mensch im Recht, 2. Aufl. 1961; insbesondere: Gesetzliches Unrecht und übergesetzliches Recht, ebd., S. 111 f. (erstmals in SJZ 1946, S. 105).

Wertphilosophie Max Schelers und Nicolai Hartmanns zurückgegriffen[128].

Indem man das Versagen der Justiz allein auf eine falsche Methodenlehre zurückführte, wurde der Blick auf die sozialpolitischen Gründe ihrer willigen Anpassung im Dritten Reich verstellt. Die Justiz wurde von Verantwortung entlastet — Schuld am Unrecht hatte allein „der Gesetzgeber"[129]. Mit dieser Begründung konnten nun sogar die Argumente der konservativen Rechtslehre der Weimarer Republik gegen die uneingeschränkte Macht des Gesetzgebers übernommen und als bestätigt angesehen werden — ohne allerdings den Unterschied zwischen faschistischer Diktatur und demokratisch legitimiertem Parlament zu berücksichtigen und ohne die gesellschaftlichen Ursachen faschistischer Gesetzgebung zu analysieren. Wie nach dem I. Weltkrieg bestand nach dem Zusammenbruch die Möglichkeit einer sozialreformerischen, wenn nicht gar revolutionären Umgestaltung der Gesellschaft. Mit der Naturrechtsrenaissance wurden bestimmte gesellschaftliche Institutionen — Privateigentum, freie wirtschaftliche Betätigung, Familie — als naturrechtliche sakrosant gemacht und der Disposition der demokratisch organisierten Gesellschaft entzogen. Diese Einschränkung des „Parlamentsabsolutismus" in Verbindung mit der Übernahme des bisherigen Justizpersonals bot eine gewisse Garantie gegen tiefgreifende Veränderungen der hergebrachten Gesellschaftsordnung — gegen „Totalitarismus von links und rechts".

Wurde die Naturrechtsrenaissance der Nachkriegszeit auch mit der Erfahrung faschistischen Terrors begründet und war sie subjektiv auch meist so motiviert — objektiv war sie nützlich für die Restauration und Verteidigung der kapitalistischen Wirtschafts- und Gesellschaftsordnung[130].

In dieser Funktion, wie auch inhaltlich, ähnelt das „neue Naturrecht" den Gedanken Isays.

Dem deutschen Juristen eine gesicherte juristische Weltanschauung zu vermitteln, „von der aus er der politischen Macht gegenüber den festen Rechtsstandpunkt gewinnt, der es ihm ermöglicht, als unbeugsamer Diener des Rechts aufzutreten", war schon ein ausdrückliches Ziel Isays gewesen[131]. In der Weimarer Zeit hatte er bereits die zeitgenössische

---

[128] *Wieacker*, Privatrechtsgeschichte², S. 591 f.; *Matz*, Rechtsgefühl, S. 1 u. passim.

[129] Hierzu ausführlich *Rosenbaum*, Naturrecht, S. 151 ff.; vgl. dazu auch *Wiethölter*, Rechtswissenschaft, S. 59 f.

[130] *Rosenbaum*, Naturrecht, S. 143 ff., 145; vgl. auch *Wiethölter*, Rechtswissenschaft, S. 42 ff.

[131] *Isay*, Isolierung (Nr. 133), S. 39.

phänomenologische Wertlehre zur Grundlage seiner Theorie gemacht. Mit seiner Lehre hatte Isay damals schon versucht, den naiv soziologisch orientierten Gesetzespositivismus der Interessenjurisprudenz zu überwinden.

Dennoch übte seine emotionale Naturrechtstheorie auf die Diskussion der Nachkriegszeit keinerlei ersichtlichen Einfluß aus. Auch bei den ausdrücklich auf die Wertphilosophie zurückgreifenden Autoren fand er keine Resonanz. Weiterhin beachtet man Isay nur in der methodologischen Literatur, und zwar allein als Vertreter einer radikalen Methodenkritik und einer extremen Auffassung von der Stellung des Richters.

Beispielhaft für diese Auseinandersetzung mit Isay in der Nachkriegszeit ist Coing:

Wie Isay — aber ohne an diesen anzuknüpfen — geht Coing bei seiner Naturrechtslehre aus von der materialen Wertphilosophie Max Schelers und Nicolai Hartmanns[132]. Gemeinsam ist ihnen als philosophische Voraussetzung die Überzeugung von der Existenz absoluter Werte und die Behauptung, man könne diese Werte auf emotionalem Wege durch das Rechtsgefühl erfassen[133].

Bei Coing steht jedoch anders als bei Isay die Fundierung und Rechtfertigung der Rechtsordnung als ganzer und die Gewinnung naturrechtlicher „oberster Grundsätze" im Vordergrund. Coing legt größeres Gewicht auf die Darstellung der Werte, Isay räumt dem Rechtsgefühl größten Raum ein — Coing ist mehr an der Ontologie, Isay mehr an der Gnoseologie der phänomenologischen Wertlehre interessiert.

Mit den wertphilosophischen Gedanken bei Isay setzt sich Coing nicht auseinander.

In Coings „Die obersten Grundsätze des Rechts" fehlt noch jeder Verweis auf Isay. In den „Grundzügen der Rechtsphilosophie" wird Isay zwar häufig zustimmend zitiert, allerdings kaum hinsichtlich der rechtsphilosophischen Grundlagen[134]. Ausführlich diskutiert Coing aber Isays Analyse der richterlichen Rechtsfindung im Abschnitt „Recht und

---

[132] *Coing*, Grundsätze; ders., Rechtsphilosophie, 1. Aufl.; zu Coing *Th. Würtenberger*, Wege, S. 110; ders., Neue Stimmen, S. 590 ff.; *Engisch*, ARSP Bd. 38 (1949/50), S. 271 ff.; ausführlich zu *Coings* Rechtsphilosophie jetzt *Matz*, Rechtsgefühl und ideales Wertreich, 1966.

[133] *Coing*, Grundsätze, S. 21 ff.; ders., Rechtsphilosophie, 1. Aufl., S. 54 ff.

[134] Isay ist zitiert bei *Coing*, Rechtsphilosophie, 1. Aufl., auf den Seiten 60, 230, 232, 236, 240, 248 ff., 294.

Richter"[135]. Dabei stimmt Coing mit Isay darin überein, daß die richterliche Entscheidung tatsächlich ein schöpferischer Willensakt ist, und daß der Richter die Entscheidung zunächst gefühlsmäßig fällt und sie später am Gesetz überprüft[136].

Coing kritisiert: „Aber Isay unterschätzt die Bedeutung des Gesetzes und mißt der Spontanität der richterlichen Intuition eine zu große Bedeutung zu[137]." Wohl entscheide der Richter aus seinem sittlichen Gefühl, dieses aber sei „durch juristische Erziehung und Verstehen des Gesetzes verfeinert und vorgeformt und (weiß sich) an eben die Wertungen gebunden ..., auf denen das Gesetz beruht"[138].

Zum Inhalt des Rechtsgefühls wird also auch die Gesetzestreue, womit Isays Trennung von Norm und Entscheidung elegant überwunden ist.

Völlig anders als Isay sieht Coing die Kontrolle der Entschuldigung am Gesetz. Die Kontrolle erfolge nicht begrifflich deduktiv allein mit dem Ziel, das gefundene Urteil zu rechtfertigen, sondern wird unter dem Einfluß der philosophischen Hermeneutik nun als ein Akt des „Verstehens" und „Nacherlebens" der vom Gesetzgeber getroffenen sittlichen Entscheidung durch den Richter bezeichnet[139].

Für Coing ist im Gegensatz zu Isay also eine Bindung des Richters an das Gesetz möglich — wenn auch nicht durch formallogische Methoden der Gesetzesanwendung — und wird nach seiner Auffassung auch in der Praxis tatsächlich realisiert. Coing leugnet zwar nicht, daß (oft) Entscheidungen unabhängig vom Gesetz gefunden werden; seine Vorstellung von der Prägung des Rechtsgefühls durch die gesetzliche Wertordnung und von der nachträglichen Kontrolle am Gesetz lassen das Urteil im Ergebnis aber einen Akt der Gesetzesanwendung bleiben. Coing zieht also nicht wie Isay die Konsequenz aus der nach der phänomenologischen Wertlehre notwendig irrationalen Erkenntnis der Werte: daß wertende richterliche Rechtsfindung irrational sein muß. Er übersieht, daß die Auffassungen Isays, die er ablehnt, den gleichen philosophischen Ausgangspunkt haben wie seine eigene Naturrechtslehre.

Selbstverständlich ist, daß Coing ausdrücklich mit Isay darin übereinstimmt, daß der Richter an naturrechtswidrige Gesetze nicht gebunden ist[140].

---
[135] Ebd., S. 248 ff.
[136] Ebd., S. 248 ff.
[137] Ebd., S. 249.
[138] Ebd., S. 250.
[139] Ebd., S. 250.
[140] Ebd., S. 257 Fn. 2.

In der 1969 erschienenen zweiten Auflage der „Grundzüge der Rechtsphilosophie" wird die Kritik an Isay im wesentlichen beibehalten. Die Ablehnung der Auffassung von der völlig irrationalen Entstehung der Entscheidung wird noch stärker betont[141]. In Coings Theorie erscheint das Rechtsgefühl nun nicht mehr.

Historisch wird Isay jetzt als „ein später aber radikaler deutscher Freirechtler" angesehen und mit dem amerikanischen Realismus, insbesondere Jerome Franks, verglichen[142].

Andere Vertreter der Wertphilosophie in der Rechtsphilosophie (Hubmann, Brinkmann, F. A. Müllereisert, Zippelius) ignorieren Isays frühe Rezeption der phänomenologischen Wertlehre fast völlig.

In der methodologischen Literatur der Nachkriegszeit werden zunächst nur vereinzelt die methodenkritischen Auffassungen Isays referiert und noch strikt abgelehnt (Boehmer, Engisch)[143]. Die Gegenargumente sind im wesentlichen die gleichen, die schon Heck vorbrachte. Engischs weitergehender Vorwurf des ‚Psychologismus'[144] verkennt, daß Isay keineswegs (juristische) Denkgesetze aus der psychologischen Erforschung des (richterlichen) Denkens ableiten wollte und geht völlig an der Fundierung der Rechtsgefühlstheorie Isays in der Phänomenologie vorbei[145]. Abgesehen davon erscheint es als äußerst fraglich, ob die Einwände gegen den Psychologismus in Logik und Erkenntnistheorie auf die Jurisprudenz ohne weiteres übertragbar sind.

Die weitere Entwicklung in der Rechtstheorie führte zu einer Abkehr von Naturrecht und Wertphilosophie[146]. In der Bundesrepublik war die Restauration der bürgerlich-kapitalistischen Gesellschaft nun vollendet, und sie war soweit gefestigt, daß sie der Stabilisierung durch eine Naturrechtsideologie nicht mehr bedurfte. Eher stellte der direkte Durchgriff auf absolute Wert- und Moralsysteme allmählich eine Gefahr für die Rationalität und Effektivität der Rechtsprechung in einer hoch-

---

[141] *Coing*, Rechtsphilosophie, 2. Aufl., S. 57, 267, 328 ff.
[142] Ebd., S. 57, 328 ff.
[143] *Boehmer*, Grundlagen, S. 189, 192; *Engisch*, Konkretisierung, S. 188 ff.; ders., Einführung, insbes. S. 49; ansonsten bleibt Isay bis Mitte der fünfziger Jahre noch unbeachtet — selbst bei Autoren wie *Bohne* und *Less*, deren Methodenkritik in ähnliche Richtung geht.
[144] *Engisch*, Einführung, S. 49: „Die dem Richter gestellte Aufgabe heißt: Findung einer durch das Gesetz begründeten Entscheidung. Isays Lehre ist Psychologismus in Reinkultur. An den spezifischen Problemen der normativen Logik sieht diese Lehre vorbei."
[145] Die Befreiung der Logik von psychologistischen Betrachtungsweisen gilt als wichtige Leistung der Phänomenologie E. Husserls. (Vgl. z. B. *Stegmüller*, Hauptströmungen, S. 82.)
[146] *Larenz*, Methodenlehre, S. 127; *Wieacker*, Privatrechtsgeschichte², S. 592.

entwickelten kapitalistischen Gesellschaft dar[147]. In den Vordergrund des Interesses rückten nun die Methoden konkreter Rechtsfindung. Die praktische Tätigkeit des Richters wurde zunehmend zum Gegenstand rechtswissenschaftlicher Untersuchungen, die den Subsumtionspositivismus hinter sich ließen[148]. Hier gewann nun die freirechtliche Methodenkritik, insbesondere aber auch die Isays an Bedeutung, ohne daß man nun aber noch an seinem emotionalen Naturrecht, dessen Begründung sie diente, interessiert wäre.

Beeinflußt wurde diese Hinwendung zur richterlichen Praxis aber vom angelsächsischen Rechtsgedanken[149]; auf eine Wiederentdeckung des Freirechts oder von Autoren wie Isay und Bendix kann sie nicht zurückgeführt werden. Isays Untersuchungen zur richterlichen Rechtsfindung werden nun aber immer stärker beachtet und heute regelmäßig in der methodologischen und rechtstheoretischen Literatur berücksichtigt[150]. Isays Methodenkritik bot die Möglichkeit, an eine deutsche Tradition der Erforschung richterlichen Handelns anzuknüpfen. Für die neuere methodologische Forschung ist er Vorläufer und Wegbereiter des Bruchs mit dem Subsumtionspositivismus[151].

Autoren der neueren methodologischen Forschung kommen in vielem zu den gleichen Ergebnissen wie Isay. Mit einigen Stichworten sollen diese Übereinstimmungen skizziert werden.

---

[147] *Rosenbaum*, Naturrecht, S. 136 ff., 142.

[148] Vgl. dazu die Referate der Arbeitsgruppe Justizforschung des Deutschen Juristentages 1972, in: Verhandlungen des 49. DJT Band II, Teil R, S. 7 - 47.

[149] Vgl. bes. *Esser*, Grundsatz, S. 18 ff. passim; dazu *Larenz*, Methodenlehre, S. 127; *Wieacker*, Gesetzesrecht.

[150] Nach dem Krieg wurde Isay bei folgenden Autoren zitiert bzw. diskutiert: *Riezler*, Rechtsgefühl, 2. Aufl. 1946, S. 140; *Brusiin*, Objektivität, 1949, S. 46; *Coing*, Rechtsphilosophie, 1. Aufl. 1950, S. 248 ff. u. ö., 2. Aufl. 1969, S. 57, 328 ff. u. ö.; *Boehmer*, Grundlagen, 1951, S 189, 192, 212; *Engisch*, Konkretisierung, 1. Aufl. 1953, 2. Aufl. 1968, S. 188 ff. u. ö.; *ders.*, Einführung, 1. Aufl. 1956, 4. Aufl. 1968, S 49, 82 u. ö.; *ders.*, Gerechtigkeit, 1971, S. 40; *Esser*, Grundsatz, 1956, S. 19, 256 u. ö.; *ders.*, Vorverständnis, 1970, S. 18, 139; *Wieacker*, Gesetzesrecht, 1957, S. 704; *Wieacker*, Privatrechtsgeschichte, 2. Aufl. 1967, S. 581; *Kaznelson*, Juden, S. 599 f., 644, 655; *Larenz*, Methodenlehre, 1. Aufl. 1960, S. 64, 112, 3. Aufl. 1969, S. 64, 323; *Schwinge*, Jurist, 1960, S. 102; *Matz*, Rechtsgefühl, 1964, S. 146; *Rupp*, Grundfragen, 1965, S. 189 ff.; *Kriele*, Rechtsgewinnung, 1967, S. 65, 160 u. ö.; *Hassemer*, Tatbestand, 1967, S. 142 ff. u. ö.; *Lautmann*, Freie Rechtsfindung, 1967, S. 71 u. ö.; *Riebschläger*, Freirechtsbewegung, 1968, S. 79, 96; *Bauer*, Wertrelativismus, 1968, S. 22, 223 u. ö.; *Schmidt*, Freirechtsbewegung, S. 133; *Weiss*, Vorwort zu Bendix, Urteilstätigkeit, 1968, S. 5; *Weimar*, Psychologische Strukturen, 1969, S. 1, 18; *Starck*, Gesetzesbegriff, 1970, S. 324; *Brüggemann*, Begründungspflicht, 1971, S. 56 ff. u. ö.; *Lombardi*, Freirecht, 1971, S. 29, 110 u. ö.; *Meyer-Cording*, Rechtsnormen, 1971, S. 15 u. ö.; *Moench*, Methodologische Bestrebungen, 1971, S. 111 ff. u. ö.; *Weiss*, Entscheidungstätigkeit, 1971, S. 15 ff.

[151] *Esser*, Grundsatz, S. 256; *Kriele*, Rechtsgewinnung, S. 66.

3. Abschn.: Rechtstheorie und Methodologie

Erstmals findet er nun ausdrückliche Anerkennung für seinen Ansatz, die herkömmliche juristische Methodenlehre von einer Analyse der tatsächlich geübten richterlichen Urteilsfindung her in Frage zu stellen[152]. Insbesondere Esser verweist in diesem Zusammenhang zuerst auf Isay und bedauert geringen Einfluß und Beachtung „der feinsinnigen Analysen der Urteilsfindung bei Isay"[153]. Wie Wieacker aber zutreffend feststellt, schöpfte er selbst Isays Untersuchung nicht genügend aus[154]. Viele der Erkenntnisse, die er aus der amerikanischen „pragmatischen Jurisprudenz" übernahm, hätte er bereits bei Isay finden können. Bei Weiterentwicklung der Isayschen Kritik hätte der hochgeschätzte „hunch" auch „Rechtsgefühl" heißen können.

Richterliche Tätigkeit wird von den neueren Lehren kaum mehr als bloße syllogistische subsumierende Deduktion der Entscheidung aus dem Gesetz angesehen[155]. Man gibt nun vielfach zu, daß die akademischen Methodenlehren keine Hilfe und Kontrolle für die richterliche Praxis sind und lediglich benutzt werden, um die — anders gefundenen — Urteile kunstgerecht zu begründen[156]. Seit der Entwicklung der Interessenjurisprudenz zur „Wertungsjurisprudenz" ist es zum Allgemeinplatz geworden, daß Richten immer Werten bedeutet. Die Wichtigkeit außerpositiver Entscheidungselemente wird genauso anerkannt wie der Umstand, daß der Einzelfall die einzige Möglichkeit ist, Wertentscheidungen und Normverständnis klarzustellen[157]. In seiner Kontroverse mit Heck wird Isay insofern nachträglich bestätigt.

Daß Normen erst von der Entscheidung und vom konkreten Sachverhalt her ihren definitiven Inhalt erhalten, wird bekräftigt, wie auch die Sach- und Tatfragen nunmehr als Teil der Normanwendung qualifiziert werden[158]. Neuere Forschungen zur Hermeneutik weisen nach, daß Richtigkeit der Normanwendung außerhalb des Entscheidungsverfahrens selbst nicht feststeht und nicht zwingend dargetan werden kann, daß also die Richtigkeit des Normverständnisses nicht stringent transmittierbar ist[159]. Selbst Isays Satz, daß die Entscheidung aus der

---

[152] *Esser*, Grundsatz, S. 19 (75, 176); *Kriele*, Rechtsgewinnung, S. 65 f.; *Weimar*, Psychologische Strukturen, S. 18.
[153] *Esser*, Grundsatz, S. 19 (75, 176).
[154] *Wieacker*, Gesetzesrecht, S. 704 Fn. 17.
[155] Vgl. dazu nur den Überblick über die methodischen Bestrebungen der Gegenwart bei *Larenz*, Methodenlehre, S. 127 ff.
[156] *Esser*, Vorverständnis, S. 7; auch *Luhmann*, Recht, S. 51 ff., trennt Herstellung und Darstellung der Entscheidung; dazu jetzt auch die empirische Untersuchung von *Lautmann*, Justiz, 1972, S. 83 ff.
[157] *Esser*, Vorverständnis, S. 159 ff.; *Hassemer*, Tatbestand, S. 99 ff.
[158] *Esser*, Grundsatz, S. 245; *Hassemer*, Tatbestand, S. 103; beide zitieren Isay; vgl. ferner *Lautmann*, Justiz, S. 143 ff.
[159] Vgl. bes. *Hassemer*, Tatbestand, S. 135, 144.

„zentralen Tiefe der sittlichen Persönlichkeit" entstehe, findet bei Hassemer im Sinn hermeneutischer Forschung Zustimmung[160].

Für diese Erkenntnisse werden Isays methodologische Untersuchungen vielfach als wegweisend betrachtet und anerkennend zitiert[161].

Wenn somit viele Gedanken, die den Zeitgenossen Isays noch unannehmbar schienen, heute auf weitverbreitete Zustimmung treffen, so bedeutet dies aber keinesfalls eine Rückkehr zu Isays Irrationalismus.

Sowohl in Ansatz wie in der Ausführung sind die heutigen Untersuchungen ungleich subtiler geworden. Abwegig erschiene heute die Vorstellung, die richterliche Entscheidung könne nur „irrational" erfaßt werden. Zur Untersuchung der justiziellen Urteilstätigkeit steht die phänomenologische Methode, wie sie Isay praktiziert und propagiert hat, nicht mehr zur Diskussion. Die phänomenologische Wertlehre, die Isay in seine Rechtsfindungstheorie direkt einbrachte, spielte für die Methodendiskussion — wie oben gezeigt — nie eine Rolle.

Vielmehr greifen neuere Untersuchungen häufig auf die modernen philosophischen und sozialwissenschaftlichen Theorien wie Sprachanalyse und Systemtheorie zurück[162].

Darüber hinaus ist richterliches Handeln auch in Deutschland zum Gegenstand soziologischer und psychologischer Arbeiten geworden[163].

Anders als Isay folgern die modernen Rechtsfindungstheorien aus der Unhaltbarkeit des Subsumtionspositivismus nicht die Irrationalität richterlichen Handelns, sondern suchen Rationalität auch jenseits syllogistischer Deduktion nachzuweisen. Gemeinsamer Grundsatz aller neuen methodologischen Bestrebungen ist es, daß juristisches Denken rationalisierbar und methodisierbar ist, eine rationale Methode der Rechtserkenntnis möglich bleibt[164]. Die Rationalität der nicht als formallogisch erklärbaren Stufen und Schritte der Entscheidungs-

---

[160] *Hassemer*, Tatbestand, S. 139, Fn. 207.
[161] Vgl. *Esser*, Grundsatz, S. 245; *Kriele*, Rechtsgewinnung, S. 65 f. u. passim; häufig bei *Hassemer*, Tatbestand, S. 142, passim; *Brüggemann*, Begründungspflicht, S. 56 ff. u. passim; *Weiss*, Entscheidungstätigkeit, S. 15 ff.; *Lautmann*, Freie Rechtsfindung, passim, sowie die oben Fn. 150 Genannten.
[162] Vgl. z. B. *Esser*, Vorverständnis, der Luhmanns Funktionssoziologie verwendet; zu den möglichen Forschungsansätzen vgl. *Rottleuthner*, Richterliches Handeln, Frankfurt 1973.
[163] z. B. *Lautmann*, Justiz (auf der Grundlage der Entscheidungssoziologie); *Weimar*, Psychologische Strukturen; daneben viele berufssoziologische und sozialpsychologische Studien; zur amerikanischen Forschung *Weiss*, Entscheidungstätigkeit.
[164] Vgl. nur *Esser*, Vorverständnis, S. 9; *Kriele*, Rechtsgewinnung, S. 57; *Larenz*, Methodenlehre, S. 6; *Hassemer*, Tatbestand, S. 144.

findung wird behauptet und soll dargetan werden. Richterliche Wertung erscheint nicht als grundsätzlich irrational, sondern ihre rationalen Grundlagen werden im einzelnen aus ihrem Zusammenhang mit gesetzlichen und außergesetzlichen Normen und den erkennbaren Strukturen des rechtlich zu beurteilenden Gegenstandes hergeleitet[165].

Isays Behauptung von der Irrationalität der richterlichen Entscheidung und seine Rückführung der Urteilsfindung allein auf das Rechtsgefühl wird von diesem Standpunkt aus kritisiert und abgelehnt[166].

Kriele wirft ihm vor, mit seiner strikten Trennung von gefühlsmäßiger Entscheidungsfindung und nachträglicher Scheinlegitimierung aus dem Gesetz verkenne er das Wechselspiel zwischen Gesetzestext und Fallproblematik. Isay habe den strengen Gegensatz zwischen Textinterpretation und Anwendung, von dem die orthodoxe Lehre ausging, umgekehrt und nun Problemlösung und Legitimierung fälschlich auseinandergerissen[167]. In die gleiche Richtung geht die Kritik Essers, Isay übersehe, daß sich die richterliche Überzeugungsbildung in einem Prozeß, in dem auch die Normen einbezogen sind, mit einzelnen analysierbaren Stufen der Rationalität bildet[168].

Den Zusammenhang zwischen Normauslegung und Anwendung erklären die neueren Autoren mit dem Bild vom hermeneutischen Zirkel bzw. der „Spirale" (Hassemer).

Das „fachmännische Normverständnis", der treffsichere Zugriff auf die Fallösung, die Isay als Beweis für die Irrationalität der Entscheidungsfindung nahm, bildet für Hassemer gerade den Kern des hermeneutischen Verfahrens[169].

Das Rechtsgefühl als letztlich ausschlaggebende Entscheidungsgrundlage anzusehen, wird im allgemeinen nach wie vor abgelehnt[170]. Neuerdings bezeichnet aber Venzlaff das Rechtsgefühl als den bestimmenden Faktor bei der Auswahl unter verschiedenen Interpretationsergebnissen. Er billigt ihm eine „Schlüsselstellung bei der Gesetzesanwendung" zu[171]. Dies geschieht allerdings ohne Rückgriff auf Isay und ohne jede Erläuterung dieses „Rechtsgefühls".

---

[165] Dazu besonders *Esser*, Vorverständnis; *Kriele*, Rechtsgewinnung.
[166] *Esser*, Vorverständnis, S. 18, 139; *Kriele*, Rechtsgewinnung, S. 65, 160; *Hassemer*, Tatbestand, S. 142; *Larenz*, Methodenlehre, S. 64.
[167] *Kriele*, Rechtsgewinnung, S. 160 f.
[168] *Esser*, Vorverständnis, S. 139.
[169] *Hassemer*, Tatbestand, S. 142.
[170] *Kriele*, Rechtsgewinnung, S. 65; *Esser*, Vorverständnis, S. 18 f.; *Hassemer*, Tatbestand, S. 103, 142; *Larenz*, Methodenlehre, S. 64.
[171] *Venzlaff*, Schlüsselstellung des Rechtsgefühls, S. 62.

Vereinzelt erkennt man nun aber auch, daß Isay das Rechtsgefühl nicht psychologisch oder soziologisch meinte, sondern daß es von einer bestimmten Philosophie her zu verstehen ist[172].

Gemeinsam bleibt der Ansatz, eine ‚Theorie der Praxis der Rechtsfindung' zu entwickeln.

Die heutige Kritik negiert nicht mehr einfach Isays Beobachtung, daß die herkömmlichen juristischen Methodenlehren richterliches Handeln weder anleiten noch erklären oder darstellen können — sie forscht aber dort weiter, wo Isay nur noch das Walten eines nicht mehr weiter analysierbaren Rechtsgefühls feststellte. Es geht hierbei um das Problem der Rationalität von Werturteilen, um die es sich beim richterlichen Urteil letztlich handelt, wenn man die einfache Subsumtionsvorstellung aufgibt. Isay hatte dieses Problem sehr früh offengelegt. Isay hielt — konsequent der Konzeption Max Webers folgend — Werturteile aber für schlechthin irrational. Sein Ausweg, das richterliche Urteil vor inhaltlich beliebiger Dezision zu retten, war die Methode des phänomenologischen Wertfühlens, die zwar erklärtermaßen irrational vorging, aber doch ein angebbares Verfahren bot und mit wissenschaftlichem Anspruch auftrat. Unbestrittener Ausgangspunkt der heutigen Forschung ist die Verpflichtung auf Rationalität. Gerade um die rationale Erfassung von Werturteilen geht es ihr. Trotz aller Versuche erscheint aber der Nachweis von Möglichkeiten rationalen Wertens noch nicht unanfechtbar gelungen. Das, was bei Isay noch global das Rechtsgefühl ist, wurde zwar in viele Bestandteile und Ebenen dividiert — ein Ergebnis ohne irrationalen Rest ist aber bisher nicht ersichtlich.

Die historische Einordnung der methodologischen Arbeiten Isays ist in der Literatur noch umstritten.

Als ‚extremer Freirechtler' wird er eingeschätzt, weil bei ihm der Richter in der Urteilsfindung völlig vom Gesetz gelöst ist und da er den Irrationalismus in der richterlichen Rechtsfindung nicht nur beschreibe, sondern auch als solchen anerkenne und fordere[173]. Einen „gemäßigten Nachzügler der Freirechtsschule", der sich in seiner größeren Gesetzestreue der Interessenjurisprudenz nähere, sieht Wie-

---

[172] Deutlich *Hassemer*, Tatbestand, S. 142; andeutungsweise *Esser*, Vorverständnis, S. 19.

[173] *Boehmer*, Grundlagen, S. 189; *Coing*, Rechtsphilosophie, 2. Aufl., S. 57, 328; *Kriele*, Rechtsgewinnung, S. 65; als Hauptvertreter der Freirechtsbewegung gilt Isay bei *Friedmann*, Legal Theory, 2. Aufl., S. 236; *Engisch*, Einführung, S. 82 u. passim; *Moench*, Methodologische Bestrebungen, S. 19, 111; *Lombardi*, Freirecht, S. 110 u. passim (Lombardi bezeichnet allerdings sämtliche Erneuerungsbestrebungen zwischen 1899 u. 1933 als Freirecht); *A. Kaufmann*, Rechtsphilosophie, S. 236; *Rupp*, Grundfragen, S. 189 ff.

acker in ihm wohl deshalb, weil Isay immer eine nachträgliche Kontrolle der Entscheidung an einer Norm fordert[174].

In der Nähe der Freirechtsbewegung — bei der „Wendung zum Voluntarismus in der Freirechtsbewegung" — siedelt Larenz die Gedanken Isays an, ebenso wohl auch Esser, der im Zusammenhang mit Isay von „Freirechtsmentalität" spricht[175].

Neuerdings wird von Riebschläger und Schmitt in Arbeiten über die Freirechtsbewegung bestritten, daß Isay dieser zugeordnet werden könne.

Schmitt will Isay — genauso wie Kantorowicz! — nicht als Freirechtler gelten lassen, da er Irrationalist und Voluntarist sei[176].

Riebschläger sieht bei Isay nur eine oberflächliche Ähnlichkeit der Auffassung mit anderen Freirechtlern. Der grundlegende Unterschied bestehe darin, daß die Freirechtler — im Gegensatz zu Isay — jede Entscheidung aus einer Norm, positivrechtlich oder nicht, herleiten wollten[177].

5. Zusammenfassung

Die Wirkungsgeschichte von Isays „Rechtsnorm und Entscheidung" zeigt, daß sein Rückgriff auf die phänomenologische Wertlehre, der schon zu seiner Zeit kaum beachtet wurde, auch in der Naturrechtsrenaissance der Nachkriegszeit vergessen blieb und auf diese keinen Einfluß ausübte. Spätestens seit der Auseinandersetzung mit Heck wird allein der methodenkritische Aspekt seines Werks gesehen, die erkenntnistheoretische Fundierung in der Phänomenologie aber nicht berücksichtigt. Vertreter wie Kritiker des neuen, wertphilosophisch begründeten Naturrechts hätten am Beispiel Isays erkennen können, wie dort der Rückgriff auf Scheler und N. Hartmann eine irrationalistische Rechtsfindungstheorie zur Folge hatte.

Die Kritik seitens der methodologischen Literatur mußte Isay mißverstehen, wenn sie nicht berücksichtigte, daß das Rechtsgefühl bei Isay nicht psychologisch oder soziologisch gemeint ist, sondern als „intentionales Werterfassen" verstanden wird. Der Vorwurf der „unkontrollierten Gefühlsjurisprudenz" oder der Nichtberücksichtigung schichtspezifischer Vorurteile in Isays Theorie trifft deshalb nicht unmittelbar. Auch eine historische Einordnung, die diesen philosophischen Hintergrund nicht beachtet, muß zumindest unvollständig

---

[174] *Wieacker*, Privatrechtsgeschichte, S. 581 Fn. 58.
[175] *Larenz*, Methodenlehre, S. 62 ff.; *Esser*, Vorverständnis, S. 18, 139.
[176] *Schmidt*, Freirechtsbewegung, S. 133.
[177] *Riebschläger*, Freirechtsbewegung, S. 79, 96.

bleiben, insbesondere, wenn sie zudem noch den politischen und gesellschaftlichen Hintergrund ausblendet.

Seine „Popularität" auch in der heutigen Literatur verdankt Isay wohl auch zum Teil der Tatsache, daß sich an seiner Theorie der dem Gesetzespositivismus genau konträre Standpunkt sehr deutlich darstellen und personifizieren läßt.

Er bietet für die neuere methodologische Forschung die Möglichkeit, an eine deutsche Tradition der Analyse richterlichen Handelns anzuknüpfen. Er kann als ihr Vorläufer und Wegbereiter angesehen werden, zumindest insofern, als er maßgeblich daran beteiligt war, den Glauben an die Möglichkeit begrifflich-logischer Gesetzesanwendung zu erschüttern. Der Bruch mit dem Subsumtionspositivismus war aber notwendig für die heutige Suche nach „Rationalitätsgarantien der richterlichen Entscheidungspraxis".

Kernpunkt der Kritik an Isays Analyse blieb — gerade in der neueren Literatur — der zuerst von Forsthoff vorgebrachte Einwand, daß Isay fälschlich schlechthin die Norm mit dem die richterliche Entscheidung tragenden Evidenzerlebnis konfrontiert.

Trotz der schwerwiegenden Unterschiede hinsichtlich der Einschätzung der Rationalität richterlichen Handelns bestehen gemeinsame Grundlagen für Isay und heutige methodologische Bestrebungen:

Beiden geht es um eine „Theorie der Praxis der Rechtsanwendung", sie gehen von der Deskription richterlichen Handelns aus.

Bei beiden hat die Gewährleistung materieller Richtigkeit (Gerechtigkeit) der Entscheidung nicht mehr ihren Ort in der Qualität der positiven Normen oder in über dem positiven Recht schwebenden naturrechtlichen Normenkomplexen oder Wertordnungen, sondern in der Entscheidungsfindung selbst. Die „Rechtsidee" ist in die Rechtsfindungstheorie integriert. Wie bei Isay über das Wertfühlen des Rechtsgefühls, so wird nun über „vernunftrechtliche Erwägungen" (Kriele) und „Wertkonsens" (Esser) die Verwirklichung materialer Gerechtigkeit und die Garantie gegen „gesetzliches Unrecht" in den Rechtsfindungsprozeß hineingenommen.

V. Zur historischen Einordnung

Isay wird heute meist als Exponent des Freirechts angesehen, „Rechtsnorm und Entscheidung" geradezu als Summe und Abschluß dieser Bewegung dargestellt[178]. Ohne Zweifel ist dies richtig, wenn man wie

---

[178] Vgl. oben IV, 4.

Lombardi sämtliche Erneuerungsbestrebungen in der Rechtswissenschaft zwischen 1899 und 1933 unter Einschluß der Interessenjurisprudenz, Stammlers und Kelsens als Einheit auffaßt und ihr den Namen Freirecht gibt[179]. Sicherlich falsch ist diese Einordnung, folgt man Schmitt, der das „Prinzipielle" in der Freirechtsbewegung sucht und einen Begriff des Freirechts konstruiert, der irrationalistische und voluntaristische Tendenzen als nicht freirechtlich ausschließt und deshalb neben Isay auch Kantorowicz und Fuchs als Freirechtler nicht anerkennt[180].

Beide Abgrenzungen lassen außer acht, daß diese Bezeichnung historisch in einem ganz bestimmten Sinn verwendet wurde. Der Name Freirecht bzw. Freirechtsbewegung, -schule, -lehre entstand nicht nachträglich als Bezeichnung für einen bestimmten Komplex der Rechtsgeschichte, der erst in historischer Betrachtung als Einheit empfunden wurde. Vielmehr wurde dieser Name von einer bestimmten Gruppe reformerischer Rechtswissenschaftler um Ehrlich, Kantorowicz, Stampe und E. Fuchs Anfang des 20. Jahrhunderts geprägt und bewußt für sich in Anspruch genommen und von Zeitgenossen und Gegnern auf diese Gruppe und deren Gedanken angewendet[181].

Einen derart vorbelasteten Begriff nachträglich auf die ganze Epoche — unter Einschluß derjenigen, die sich als Gegner des Freirechts verstanden — auszudehnen, erscheint bedenklich und wenig sinnvoll.

Wohl soll nicht verkannt werden, daß es einerseits Gemeinsamkeiten zwischen sämtlichen Reformbestrebungen gab und andererseits auch grundsätzliche Unterschiede in den Auffassungen zwischen denen existierten, die sich gemeinsam als Freirechtler verstanden.

Dies berechtigt aber noch nicht, einen Begriff, der historisch bereits in bestimmter Weise ausgeformt und eingeführt ist, nun nachträglich einen neuen Inhalt zu geben. Glaubt man an eine „tiefe gemeinsame Inspiration aller Reformer"[182], so steht nichts entgegen, den verschiedenen historischen Strömungen nach Erkenntnis ihrer Gemeinsamkeit eine sie alle umfassende Bezeichnung zu geben — sie alle etwa „Modernisten" zu nennen[183]. Noch weniger legitim ist es, völlig losgelöst von der historischen Bedeutung des Wortes einen abstrakten Begriff des Freirechts zu konstruieren, eine logisch geschlossene Rechtstheorie zu entwickeln und ihr dann den Namen Freirecht zu geben, wie Schmidt es tut.

---

[179] *Lombardi*, Geschichte des Freirechts, S. 30 ff.
[180] *J. Schmidt*, Das ‚Prinzipielle' in der Freirechtsbewegung.
[181] Vgl. *Fuchs*, Freirechtsschule, S. 9; *Lombardi*, Geschichte des Freirechts, S. 34.
[182] *Lombardi*, Geschichte des Freirechts, S. 30.
[183] Ebd., S. 34.

Man wird also für die Frage, was als Freirecht anzusehen ist und wer zur Freirechtsbewegung gehört, in erster Linie auf das Selbstverständnis der in Betracht kommenden Personen abstellen müssen. In diesem mehr personell als inhaltlich bestimmten Sinn wird der Begriff im allgemeinen auch heute in Rechtstheorie und Rechtsgeschichte verwendet. Zeitlich ist das Freirecht damit auf den Anfang des 20. Jahrhunderts bis in dessen 20er Jahre begrenzt. Personell liegen damit auf jeden Fall Ehrlich, Kantorowicz, Stampe und E. Fuchs als Freirechtler fest. Zu formal wäre es und oft nicht ausreichend, wollte man nur den, der sich ausdrücklich als Freirechtler bezeichnet, aber auch alles, was unter dem Namen Freirecht auftritt, als solches gelten lassen.

Als inhaltliche Kriterien müssen die Grundsätze und Auffassungen herangezogen werden, die den Gründern und Hauptvertretern der Freirechtsbewegung gemeinsam waren und die sie von anderen Richtungen (wie IJP, reine Rechtslehre, richtiges Recht), unterscheiden. Daß sich dabei eine in allen Punkten übereinstimmende und systematisch geschlossene Theorie nicht herausarbeiten lassen würde, zeigt nur, daß es unzulässig ist, Freirecht als systematische Kategorie aufzufassen. Freirecht ist in erster Linie der Name einer historischen Bewegung, die Bezeichnung einer Gruppe von Juristen, die sich in ihrem Kampf gegen Begriffsjurisprudenz und Gesetzespositivismus einig wußte.

Eine genauere und inhaltlich eingehende Abgrenzung der Freirechtsbewegung kann freilich nicht Aufgabe dieser Arbeit sein, da sie nicht notwendig ist, um Isays rechtstheoretisches Werk mit Sicherheit außerhalb der Freirechtsbewegung einzuordnen.

Betrachtet man das Gesamtwerk Isays, so ist festzustellen, daß er sich zur Zeit des Höhepunkts der Freirechtsdiskussion vor dem I. Weltkrieg zu der neueren „Auffassung" bekannte und deren Kritik an der Begriffsjurisprudenz übernahm[184]. Er griff allerdings nicht mit eigenen Schriften in den Methodenstreit ein; er war zu dieser Zeit also weniger aktiver Vertreter des Freirechts, als einer der vielen Anhänger und Sympathisanten, die die Freirechtsbewegung zu dieser Zeit unter den deutschen Rechtsanwälten und Richtern hatte. In einer bestimmten persönlichen Verbindung mit freirechtlichen Gruppen oder prominenten Freirechtlern stand er nicht.

Erst 1929 griff Isay mit „Rechtsnorm und Entscheidung" in den Methodenstreit der Rechtswissenschaft ein. Das späte Erscheinungsjahr dieser Schrift muß bereits Bedenken erwecken, sie noch der Freirechtsbewegung zuzurechnen.

---

[184] Siehe oben 1. Abschnitt, 3.

Die Auseinandersetzung um die Freirechtslehre hatte in den Jahren vor dem I. Weltkrieg ihren Höhepunkt erreicht und war mit dem Beginn der 20er Jahre bereits praktisch abgeschlossen. Danach trat nur noch Fuchs explizit als Freirechtler literarisch auf. 1925 sah Kantorowicz die Zeit der Freirechtsbewegung zwar noch keineswegs als beendet an, aber er widmete ihr bereits einen historischen Rückblick, am Ausbau ihrer Theorie arbeitete er nicht mehr[185].

Allein der späte Zeitpunkt, zu dem Isay mit seinen Gedanken hervortrat, reicht freilich nicht hin, sein rechtstheoretisches Werk nicht der Freirechtsbewegung zuzurechnen. Kann man doch in „Rechtsnorm und Entscheidung" durchaus einen Wiederbelebungsversuch oder einen Nachzügler der Freirechtsbewegung sehen, und wird man erst für die 30er Jahre, als die Hauptvertreter des Freirechts tot oder emigriert waren, ‚freies Recht' in Deutschland nicht mehr möglich war, mit Sicherheit vom Ende der Freirechtsbewegung sprechen können.

Zu fragen ist, ob Isay selbst sich in seinen methodologischen Schriften als Freirechtler verstand. Er selbst bezeichnet sich nie als Freirechtler oder Anhänger der Freirechtsbewegung. Isay ließ sich aber von Heck widerspruchslos als Hauptvertreter der Freirechtslehre bezeichnen[186]. Diese Äußerung Hecks fiel in eine Zeit, in der Isays literarische Aktivität durch die nationalsozialistische Machtergreifung stark eingeschränkt war. Erst zwei Jahre später veröffentlichte Isay wieder einen methodologischen Aufsatz, der zudem nicht der Klarstellung der eigenen Position, sondern der Kritik der Interessenjurisprudenz diente[187]. Unter diesen Umständen kann das Schweigen zu Hecks Qualifizierung kaum als Zustimmung gedeutet werden.

Nicht zu verkennen ist, daß Isay auch in ‚Rechtsnorm und Entscheidung' große Sympathie für die Freirechtler zeigt, insbesondere die Untersuchungen von Fuchs des öfteren lobend erwähnt[188]. Von der ‚Freirechtsschule' spricht er aber meist nur, indem er auf deren von ihm erkannten Fehler und Unzulänglichkeiten hinweist und sich von ihr distanziert[189]. Er identifiziert sich nie mit ihren Ansichten, nur in einzelnen Punkten folgt er einzelnen Vertretern der Bewegung — etwa Ehrlichs Auffassung vom Recht als der Gesamtheit der Entscheidungen. Schon im Vorwort zu ‚Rechtsnorm und Entscheidung' macht Isay ganz klar, daß es ihm um eine methodisch wie inhaltlich neue und selb-

---

[185] *Kantorowicz*, Aus der Vorgeschichte der Freirechtslehre, 1925.
[186] *Heck*, Leugnung (1933), S. 64.
[187] *Isay*, IJP und Patentrecht (1935).
[188] *Isay*, Rechtsnorm und Entscheidung, S. 35, 145, 162 u. ö.
[189] Besonders Rechtsnorm und Entscheidung, S. 33.

ständige Lehre vom Recht und von der Rechtsfindung geht. Isay verstand seine Theorie keineswegs als Zusammenfassung und Systematisierung freirechtlicher Ideen, auch nicht als deren Erneuerung oder Fortentwicklung.

Freilich ist Isay nicht ohne Grund in das Ansehen eines Freirechtlers geraten. Inhaltlich scheint seine Lehre weitgehend mit den Auffassungen der Freirechtler übereinzustimmen. Er lehnt die Begriffsjurisprudenz und den Gesetzespositivismus ab, er fordert eine freiere Stellung des Richters gegenüber dem Gesetz, dem Willen und dem Gefühl kommt in seiner Theorie zentrale Bedeutung zu. All dies sind Punkte, die auch zu einer Charakterisierung des Freirechts gehören.

Wie oben bereits angedeutet, unterscheiden sich die Auffassungen Isays und der Freirechtler jedoch in grundlegenden Fragen.

Bei Isay steht das für die Freirechtslehre zentrale Lückenproblem[190] nicht im Mittelpunkt — aus seiner Sicht existiert es überhaupt nicht. Gesetz, Gewohnheitsrecht und alle sonstigen Normen sind für Isay nicht in mehr oder weniger großem Umfang lückenhaft, sondern überhaupt nicht in der Lage, Entscheidungen vorzuschreiben — eine Auffassung, die Kantorowicz als die „oberflächlich-empiristische Lückentheorie" abgelehnt hatte[191].

Die Freirechtslehre hält fest an der Ableitung von Entscheidungen aus Normen. Soweit eindeutige gesetzliche Bestimmungen vorliegen, hat der Richter ihnen zu folgen. Auch dort, wo das förmliche Recht Lücken hat — ob das die Ausnahme oder die Regel ist, hängt von dem in der Freirechtslehre nicht einheitlichen Verständnis der Lücke ab[192] — soll der Richter auf Grund von Normen entscheiden, nämlich denen des (noch) nicht formalisierten ‚freien Rechts', und solchen, die er selbst nach der berühmten Regel des § 1 ZGB bildet[193].

Isay dagegen behauptet, daß die Entscheidung niemals durch Ableitung aus Normen entstehe, diese vielmehr immer erst nachträglich erfolge und hielt den Richter für befugt, sich über gesetzliche Regelungen hinwegzusetzen. Hierin sieht auch Isay selbst den entscheidenden

---

[190] Dazu besonders *Kantorowicz*, Vorgeschichte, S. 5 ff.; ders., Rechtswissenschaft, S. 96 ff., für den das Lückenproblem Ausgangspunkt der Freirechtsbewegung ist; dazu jetzt auch *Riebschläger*, Freirechtsbewegung, S. 32, 109.

[191] *Kantorowicz*, Vorgeschichte, S. 7.

[192] Vgl. z. B. die später revidierte These von Kantorowicz, das Gesetz habe „nicht weniger Lücken als Worte". *Kantorowicz*, Kampf, S. 15.

[193] Vgl. *Ehrlich*, Recht und Leben, S. 191, 194; *Fuchs*, Freirechtsschule, S. 17, 25; *Kantorowicz*, Rechtswissenschaft, S. 102; ders., Die contra-legem Fabe. DRiZ 1911, S. 258 ff. mit weiteren Nachweisen; dazu jetzt *Riebschläger*, Freirechtsbewegung, S. 103 ff.

Gegensatz zur Freirechtslehre[194]. Seine Auffassung von der Notwendigkeit einer nachträglichen Kontrolle an der Norm durch technisch-juristische Begründung der Entscheidung mildert diese Diskrepanz nicht, sondern unterstreicht sie noch: Die Freirechtsbewegung bekämpfte gerade die formalen Scheinbegründungen, verlangte die Offenlegung der wahren ratio decidendi[195].

Auch hinsichtlich der Grundlagen und Kriterien für die lückenausfüllende Regel (Freirechtslehre) bzw. der Entscheidung selbst (Isay) ist keinerlei Gemeinsamkeit vorhanden. Die Freirechtler — so wenig sie auch eine konkrete und einheitliche Rechtsfindungstheorie auszuarbeiten vermochten — machten jedenfalls klar, daß auch der mit Hilfe der Sozialwissenschaften erkannten gesellschaftlichen Wirklichkeit die Maßstäbe für Rechtsfindung gewonnen werden sollten. Sie verweisen den Richter auf das ‚freie Recht', die in der Gesellschaft entwickelten und geltenden Regeln, Übungen und Überzeugungen, er hatte „die sozialen Elemente zu erforschen, aus denen er eine Regel bilden will"[196].

Auch wenn die Freirechtler häufig vom Rechtsgefühl des Richters sprachen, so sollte dies aus der Kenntnis der sozialen Wirklichkeit erwachsen, durch Studium der Soziologie und Psychologie — der Grundlagenwissenschaften der Jurisprudenz — geschult sein, der Richter soll „lebenskundiger Psychologe und gerechter Soziologe" sein[197].

Bei Isay fehlt dieser sozialwissenschaftliche Ansatz fast völlig. Grundlage und „Quelle" jeder Entscheidung ist für ihn das phänomeologische Wertfühlen.

Betont zwar auch die Freirechtsbewegung das schöpferische Element der Rechtsfindung, ist auch bei Kantorowicz die Rede von einer voluntaristischen und antirationalistischen Gesinnung der neuen Bewegung[198], so tastet sie doch nie die Forderung nach Rationalität an. Keiner der Freirechtler — auch nicht Kantorowicz, dessen „Antirationalismus" sich nur gegen die „Juristenlogik" wandte — propagierte den Irrationalismus, wie Isay dies tat. Allein Isay macht einen in der Phänomenologie fundierten Irrationalismus zur Grundlage seiner Theorie. Die Freirechtler hatten dagegen niemals auch nur versucht, ihre Lehre

---

[194] *Isay*, Rechtsnorm und Entscheidung, S. 33.
[195] Besonders Fuchs polemisierte heftig gegen diese sogenannte „Kryptosoziologie" oder „Geheimfreirechtlerei". Vgl. *Fuchs*, Freirechtsschule, S. 15.
[196] *Fuchs*, Gerechtigkeitswissenschaft, S. 73; vgl. auch *Kantorowicz*, Rechtswissenschaft, S. 102; *Ehrlich*, Recht und Leben, S. 198 f.
[197] *Fuchs*, Gerechtigkeitswissenschaft, S. 125; siehe auch *Ehrlich*, Recht und Leben, S. 196; *Kantorowicz*, Kampf, S. 45 f.
[198] *Kantorowicz*, Kampf, S. 20, 23.

philosophisch zu begründen[199]. Sie wollten stets von der Soziologie und Psychologie her rechtstheoretische Probleme klären.

Deutlicher und erklärbar werden diese Unterschiede, betrachtet man den historischen und politischen Hintergrund der beiden Lehren.

Die freirechtliche Methodenkritik war im obrigkeitsstaatlichen Deutschland der Kaiserzeit entstanden. Ihre führenden Vertreter tendierten zur Sozialdemokratie, gehörten jedenfalls zu den bürgerlichen Linksliberalen[200]. Das Verlangen nach mehr Freiheit gegenüber den Buchstaben des Gesetzes, nach Richtern, die „in voller Kenntnis der sozialen Funktionen jedes Rechtssatzes und der sozialen Wirkungen ihrer Entscheidung zu urteilen wissen"[201], hatte besonders im Obrigkeitsstaat emanzipatorischen Charakter. Dem Kampf gegen die konstruktive Dogmatik und der Forderung nach Erforschung der Sozialwelt als Grundlage der Rechtsfindung kam aufklärerische Bedeutung zu.

Demgegenüber hat Isays Theorie die Funktion, die Macht des Parlaments zugunsten des konservativen, republikfeindlichen Richterstandes einzuschränken, richtet sich also gegen demokratischen Fortschritt.

Wie sehr die Freirechtsbewegung derartige Tendenzen ablehnte, zeigt die Polemik von Fuchs[202] gegen Marschall von Biebersteins Poem „Vom Kampf des Rechtes gegen die Gesetze"[203], das Isay durchaus zustimmend zitiert[204]. Fuchs verteidigt die republikanische Verfassung und die „weltgeschichtliche Staatsumwälzung" gegen die „von hemmungsloser Abneigung gegen die heutige Demokratie" getragenen Angriffe des „reaktionären theoretischen Anarchisten" Marschall, die er als „Donquichotterie" und „überstudierte Marotten" bezeichnet. Er verwirft die Unterscheidung Marschalls zwischen Richtungsnormen, als den nur formalen Ordnungsvorschriften und materiellen Rechtsnormen. Er lehnt die These ab, der Richter sei Rechtsnormen nur unterworfen,

---

[199] *A. Kaufmann*, in Fuchs, Gerechtigkeitswissenschaft, S. 4.

[200] Vgl. dazu *Lombardi*, Geschichte des Freirechts, S. 41; *Foulks*, in: Fuchs, Gerechtigkeitswissenschaft, S. 237, 251. E. Fuchs war nach dem I. Weltkrieg Hauptmitarbeiter der linksgerichteten Zeitschrift ‚Die Justiz'. Die Freunde und Gesinnungsgenossen von Fuchs und Kantorowicz, — Radbruch und Sinzheimer — waren aktive Sozialdemokraten. Über Ehrlichs politische Einstellung ist wenig bekannt; jedenfalls war er mit dem Marxisten Anton Menger persönlich befreundet. (Vgl. *M. Rehbinder, Ehrlich*, S. 98.)

[201] *Kantorowicz*, Kampf, S. 46.

[202] *Fuchs*, Freirechtsschule, S. 37 ff.

[203] Eine in Jamben abgefaßte Festrede zum Gedächtnis der Reichsgründung, 1927 in Freiburg gehalten, die *Marschall von Bieberstein* wegen der Ausfälle gegen die „Usurpatoren Ebert, Haase und Genossen" einen ministeriellen Verweis einbrachte.

[204] *Isay*, Rechtsnorm und Entscheidung, S. 120, 211.

sofern sie mit seinem Rechtsgewissen übereinstimmen: „Nicht aber will sie (scil. die freie Rechtsfindung) dem Richter gestatten, sich aus seiner besonderen persönlichen Weltanschauung heraus an verfassungsmäßig erlassene Gesetze nicht zu kehren. Das wäre Rechtsbeugung. Will ein Richter ein gegen sein Gewissen gehendes Gesetz nicht anwenden, so muß er auf sein Amt verzichten und mag außerhalb des Richteramts den Kampf auf Abschaffung oder Abänderung des Gesetzes führen[205]."

Auch die anderen Freirechtler unterstrichen gerade in der Weimarer Zeit nochmals, daß ihre Lehre den Richter keinesfalls zur Nichtachtung der Gesetzgebung ermächtigt[206].

Deutlicher, als Fuchs dies gegenüber der Marschallschen Theorie getan hat, kann auch Isays Lehre nicht von der Freirechtsbewegung abgegrenzt werden. Einer gegen Marschall gerichteten Bemerkung von Fuchs folgend, erscheint dies als wesentlicher Unterschied zwischen Freirechtsbewegung und Isay:

Die Freirechtsbewegung wollte den Richter von der Sklaverei des Gesetzesbuchstabens befreien, Isay aber von der Unterwerfung unter den Gesetzgeber.

Isay war also nach seinem Selbstverständnis kein Freirechtler und kann der Freirechtsbewegung auch nicht nach dem Inhalt seiner Lehre zugerechnet werden.

Die Analyse des Werks Isays ergab für seine Einordnung: Isays Rechtsgefühlstheorie ist in die lange Reihe der Naturrechtslehren einzuordnen. Neu an ihr ist, daß sie die Rechtsidee unmittelbar in die Entscheidungsfindung integriert. Historisch ist Isay nahe bei der neuen, konservativen Richtung in der Staatsrechtslehre der Weimarer Republik anzusiedeln, bei den Vertretern der „Wertbestimmtheit", wie Bauer diese Strömung kennzeichnet. Die antipositivistischen Ideen dieser Richtung erhielten bei Isay eine Fundierung in der phänomenologischen Wertlehre. Diese zuerst im Staatsrecht entwickelten und diskutierten Gedanken wurden von Isay in das Zivilrecht eingeführt, und ihnen wurde eine Entscheidungsfindungstheorie zur Seite gestellt, die sie für die richterliche Urteilspraxis relevant und verwertbar machte.

---

[205] *Fuchs*, Freirechtsschule, S. 37.
[206] Vgl. *Riebschläger*, Freirechtsbewegung, S. 80.

Bibliographie Hermann Isay

I. Schriften Hermann Isays

1895:
1. Der concursus duarum causarum lucrativarum, (Diss. Jur. Fak. Erlangen) Straßburg 1895, 93 S.

1896:
2. Zur Lehre von den Sammelgeschäften, in: Jherings Jahrbücher für die Dogmatik des bürgerlichen Rechts (Jherings Jahrbücher), Bd. 36, S. 409 bis 472

1898:
3. Die Verantwortlichkeit des Eigentümers für seine Tiere, in: Jherings Jahrbücher, Bd. 39, S. 209 - 322
4. Zur Geschichte des Trierer Schöffengerichts, in: Trierisches Archiv, Bd. 1, S. 77
5. Eine neu aufgefundene Handschrift des Klagspiegels, in: Zeitschrift der Savigny-Stiftung, romanistische Abt., Bd. 19, S. 184
6. Zur Geschichte des Kleinen Kaiserrechts, in: Zeitschrift der Savigny-Stiftung, germanistische Abt., Bd. 19, S. 144

1899:
7. Die Willenserklärung im Tatbestande des Rechtsgeschäfts nach dem Bürgerlichen Gesetzbuche für das Deutsche Reich. Abhandlungen zum Privatrecht und Civilprozess des Deutschen Reiches, Bd. II, Heft 2, Jena: Gustav Fischer 1899. 110 S.

1900:
8. Die Geschäftsführung nach dem Bürgerlichen Gesetzbuche für das Deutsche Reich. Abhandlungen zum Privatrecht und Civilprozess des Deutschen Reiches, Bd. VI, Heft 2, Jena: Gustav Fischer 1900. 412 S.

1902:
9. Rechtsgeschäft und wirtschaftliche Machtverschiedenheit, Vortrag gehalten in der „Juristischen Gesellschaft" zu Berlin am 11. Januar 1902, Berlin: Franz Vahlen 1902. 34 S.
10. Die Anwaltschaft in Berlin, in: Aus dem Berliner Rechtsleben. Festgabe zum 26. Deutschen Juristentage. Überreicht vom Ortsausschusse. Berlin, im Sept. 1902. Berlin: Franz Vahlen 1902, S. 101 - 112
11. Zur Lehre von den Willenserklärungen nach dem BGB, in: Jherings Jahrbücher, Bd. 44, S. 43 - 67
12. Die Abgrenzung von Richterrecht und Parteibetrieb im Zivilprozeß, in: Deutsche Juristenzeitung (DJZ), 7. Jg., S. 282 - 285

1903:

13. Patentgesetz und Gesetz, betreffend den Schutz von Gebrauchsmustern. Systematisch erläutert. Berlin: Franz Vahlen 1903. 488 S.
   2. Aufl. 1911, VIII, 584 S.
   3. Aufl. 1920, VIII, 713 S.
   4. Aufl. 1926, XI, 743 S.
   5. Aufl. 1931, III, 781 S.
   6. Aufl. 1932, V, 788 S.
14. Die Grenze der Verantwortlichkeit für Tierschaden, in: DJZ, 8. Jg., S. 399

1904:

15. Die Begrenzung der Haftung des Tierhalters, in: Beiträge zur Erläuterung des Deutschen Rechts, begr. von Gruchot, Bd. 48, S. 511 - 516
16. Schuldverhältnis und Haftungsverhältnis im heutigen Recht, in: Jherings Jahrbücher, Bd. 48, S. 187 - 208
17. Die Zulässigkeit der Nebenintervention bei Popularklagen des gewerblichen Rechtsschutzes, in: Gewerblicher Rechtsschutz und Urheberrecht (GRUR), 9. Jg., S. 4 - 9
18. Schadensersatz und Buße im System des deutschen gewerblichen Rechtsschutzes, in: GRUR, 9. Jg., S. 25 - 31
19. Die Zuziehung der Beteiligten zu den Beweisterminen im Patenterteilungsverfahren, in: Mitteilungen vom Verband Deutscher Patentanwälte (Mittl.), 4. Jg., S. 81
20. Zwei Fragen der patentanwaltlichen Disziplinargerichtsbarkeit, in: Mitt., 4. Jg., S. 1
21. Zur Frage des Ausübungszwangs für Patente innerhalb der Union, in: GRUR, 9. Jg., S. 116

1905:

22. Übersicht über die Literatur und Judikatur des Jahres 1903/04 betreffend das Patent- und Gebrauchsmusterrecht, Berlin: Franz Vahlen 1905. 48 S.
23. Der Anschluß Deutschlands an das Madrider Abkommen, in: GRUR, 10. Jg., S. 231 - 233

1906:

24. Der Anspruch auf Löschung des Gebrauchsmusters oder Warenzeichens, in: Mitt., 6. Jg., S. 19

1907:

25. Die Abhängigkeit im Patentrecht, in: GRUR, 12. Jg., S. 41 - 44
26. Die Zurücknahme von Patenten, in: GRUR, 12. Jg., S. 126 - 129
27. Die Rechtsanwälte im Patentstreitverfahren vor dem Reichsgericht, in: Juristische Wochenschrift (JW), 36. Jg., S. 222
28. Rechtsanwaltschaft und Patentanwaltschaft, Mitt., 7. Jg., S. 31

1908:

29. Die Gerichtsbarkeit in Patentsachen, Berlin: Franz Vahlen 1908. 29 S.
30. Die Schiffsturbine im Patentrecht, in: Die Turbine, 1908, S. 326 ff.

31. Patentverletzung durch Analogieverfahren, in: Zeitschrift für angewandte Chemie, 21. Jg., S. 1827 ff.
32. Die Haftbarkeit des Patentanwalts und ihr Einfluß auf die Gebührenbemessung, in: Mitt., 8. Jg., S. 47 ff.

1909:

33. Die Anordnung als Gegenstand der Erfindung, in: Studien zur Förderung des gewerblichen Rechtsschutzes. Festgabe für Josef Kohler, Berlin: Carl Heymann 1909, S. 87 - 98
34. Kann der Sachverständige im Verfahren betreffend einstweilige Verfügungen abgelehnt werden?, in: Mitt., 9. Jg., S. 45
35. Wesen und Auslegung des Patentanspruchs, in: Mitt., 9. Jg., S. 138
36. Die Verletzung von Verfahrenspatenten durch den Verkauf von Apparaten, in: Leipziger Zeitschrift, 3. Jg., S. 108 - 115
37. Die Frage eines internationalen Vorbenutzungsrechts innerhalb der Pariser Konvention, in: GRUR, 14. Jg., S. 257 - 259

1910:

38. Empfehlen sich Sondergerichtshöfe in Streitigkeiten auf dem Gebiete des gewerblichen Rechtsschutzes?, in: GRUR, 15. Jg., S. 269 - 280
39. Mitteilung geheimer Akten an das Prozeßrecht durch das Patentamt, in: LZ, 4. Jg., S. 722 - 724
40. Das Kombinationspatent, in: LZ, 4. Jg., S. 881 - 892
41. Bestimmung des gemeinschaftlichen Gerichtsstandes bei Ausländern, in: Markenschutz und Wettbewerb (MuW), 10. Jg., S. 21
42. Warnungen vor Patentverletzungen im Lichte des Gesetzes gegen unlauteren Wettbewerb, in: MuW, 10. Jg., S. 365
43. Stoffpatente, in: Zeitschrift für angewandte Chemie, 23. Jg., S. 1704

1911:

44. Patentgesetz und Gesetz, betreffend den Schutz von Gebrauchsmustern. Systematisch erläutert, 2. Aufl. (vgl. Nr. 13)
45. Das Recht der Angestellten auf ihre Erfindungen, in: Zeitschrift des Verbandes Deutscher Diplomingenieure, 2. Jg., S. 185
46. Der Begriff des Standes der Technik, Sächsisches Archiv für Rechtspflege, in: 21. Bd., S. 145
47. Der Kampf um das Gegenwartsrecht und das Patentamt, in: MuW, 11. Jg., S. 367
48. Der Patentanspruch in der jüngsten Rechtsprechung des Reichsgerichts, in: GRUR, 16. Jg., S. 321 - 330
49. Ausführungszwang bei Patenten, in: Vossische Zeitung, Berlin 8. Jan. 1911
50. Der Begriff des Standes der Technik, in: GRUR, 16. Jg., S. 156 - 160
51. Die Entwicklung der Rechtsprechung auf dem Gebiet des Patentrechts im Jahre 1910, in: GRUR, 16. Jg., S. 20
52. Besprechung: von Kloeppel, Die Grundlage des Markenschutzes, Berlin 1911, in: ARWP, Bd. 5 (1911/12), S. 490

1912:
53. Hermann Isay und Richard Wirth: Der Patentanspruch, Beiträge zu seiner Behandlung und Auslegung. Berlin: Carl Heymann 1912. III, 275 S.
54. Die zivilistischen Grundlagen der Patentverwaltung, Berlin: Franz Vahlen 1912. VIII, 236 S. (vgl. unten Nr. 74)
55. Zur Frage der Auslegung der Patente, in: Zeitschrift für Industrierecht, 7. Jg., S. 37
56. Die einschränkende Auslegung von Patenten, in: Mitt., 12. Jg., S. 21
57. Der Stand der Technik und der § 2 des Patentgesetzes, in: Mitt., 12. Jg., S. 124
58. Die Bedeutung der Gründe des Nichtigkeitsurteils für den Verletzungsstreit, in: GRUR, 17. Jg., S. 41 - 44
59. Der Rechtsweg wegen Patentverletzungen durch das Reich oder den Staat, in: GRUR, 17. Jg., S. 141 - 145
60. Die einschränkende Auslegung von Patenten, in: GRUR, 17. Jg., S. 241 bis 245

1913:
61. Eigenart und Neuheit der Erfindung, in: GRUR, 18. Jg., S. 1 - 4
62. Grenzen des patentrechtlichen Unterlassungsanspruchs, in: GRUR, 18. Jg., S. 25 - 31
63. Die Auslegung der Patente in Deutschland und Österreich, in: GRUR, 18. Jg., S. 133 - 145
64. Der Begriff der unmittelbaren Erzeugnisse eines Verfahrens, in: Mitt., 13. Jg., S. 105
65. Neuheit und Eigenart der Erfindung, in: Mitt., 13. Jg., S. 130
66. Die Ausschlußfrist für die Nichtigkeitsklage, Zeitschrift für angewandte Chemie, 13. Jg., S. 685

1914:
67. Das Erfinderrecht im vorläufige Entwurf des Patentgesetzes, Berlin: Franz Vahlen 1914. 24 S.
68. Der Entwurf des Patentgesetzes und die Rechtswissenschaft, in: GRUR, 19. Jg., S. 57 - 59
69. Das Erfinderrecht im Entwurf des Patentgesetzes, in: Zeitschrift für das gesamte Turbinenwesen, 11. Jg., S. 317

1915:
70. Der Gerichtsstand bei Patentverletzungsklagen, in: Mitt., 15. Jg., S. 79
71. Lizenzverträge über ungültige Gebrauchsmuster, in: GRUR, 20. Jg., S. 12 - 17
72. Reichsgericht und Rechtssicherheit, in: GRUR, 20. Jg., S. 157 - 163

1916:
73. Die Rechtssicherheit in der patentrechtlichen Rechtsprechung, in: GRUR, 21. Jg., S. 129 - 143

1917:
74. Einführung in das bürgerliche Recht für Techniker (unveränderte

Ausgabe „Die zivilistischen Grundlagen der Patentverwaltung"), Berlin: Franz Vahlen 1917. VIII, 236 S. (vgl. Nr. 54)
75. Konkursrechtliche Fragen des gewerblichen Rechtsschutzes, in: GRUR, 22. Jg., S. 10 - 15
76. Teilurteile in Patentprozessen, in: GRUR, 22. Jg., S. 106 - 109
77. Zur Patentauslegung, in: GRUR, 22. Jg., S. 129 - 134
78. Der Untersagungsanspruch des Grundbesitzers gegenüber dem Bergbau, in: Zeitschrift für Bergrecht, 58. Jg., S. 91
79. Die bergrechtliche Bestrickung, in: Zeitschrift für Bergrecht, 58. Jg., S. 360
80. Die Behandlung der Abwasser des Bergbaus nach dem Wassergesetz, in: Glückauf, 53. Jg., S. 115
81. Der Anspruch auf Schadensersatz wegen Ausübung der Bergpolizei, in: Glückauf, 53. Jg., S. 319

1919:
82. Das juristische Denken und seine Bedeutung für die Erziehung des Technikers, Berlin: Franz Vahlen 1919. 36 S.
83. Die privaten Rechte und Interessen im Friedensvertrag, Berlin: Franz Vahlen 1919. 152 S.
 2. Aufl. 1921, XVIII, 256 S.
 3. Aufl. 1923, XVIII, 488 S.
84. Hermann Isay und Rudolf Isay: Allgemeines Berggesetz für die preußischen Staaten unter besonderer Berücksichtigung des Gewerkschaftsrechts systematisch erläutert, Bd. I, Berlin: Franz Vahlen 1919 (Bd. II vgl. Nr. 93)
85. Die Verbände der bergbautreibenden Industrie, Mannheim: J. Bensheimer 1919
86. Die Behandlung laufender Lizenzverträge in der Kriegsfolgezeit, in: GRUR, 24. Jg., S. 12 - 14
87. Der Rechtsgedanke des Patentschutzes, in: GRUR, 24. Jg., S. 43 - 45
88. Die Wiederholung der Bekanntmachung, in: GRUR, 24. Jg., S. 216 - 217
89. Die Wirkung des Friedensvertrages auf deutsche Patente, in: GRUR, 24. Jg., S. 227 - 229
90. Deutschland und das amerikanische Patent, in: GRUR, 24. Jg., S. 159 bis 161
91. Die Umsatzsteuer der Verkaufssyndikate, Deutsche Steuerzeitung, 8. Jg., S. 61

1920:
92. Patentgesetz und Gesetz, betreffend den Schutz von Gebrauchsmustern, 3. Aufl. (vgl. Nr. 13)
93. Allgemeines Berggesetz für die preußischen Staaten, Bd. II, Berlin: Franz Vahlen 1920. XI, 607 S. (vgl. Nr. 84)
94. Über das Verhältnis von Artikel 307 zu 308 im Versailler Vertrag, in: GRUR, 25. Jg., S. 3 - 4
95. Fragen der Patentverlängerung, in: GRUR, 25. Jg., S. 72 - 73
96. Bericht betreffend die beiden Madrider Abkommen, in: GRUR, 25. Jg., S. 137 - 141

97. Wann läuft die Frist für Anträge auf Patentverlängerung ab?, in: Mitt., 20. Jg., S. 76
98. Der Anspruch auf Patentverlängerung, in: Mitt., 20. Jg., S. 73
99. Die Bezahlung von Liquidationen ausländischer Patentanwälte, in: Mitt., 20. Jg., S. 12
100. Deutsche Guthaben bei Zweigniederlassungen deutscher Banken in Elsaß-Lothringen, in: Bankarchiv, 19. Jg., S. 194
101. Steuerrecht und bürgerliches Recht, in: Bankarchiv, 20. Jg., S. 57

1921:

102. Die privaten Rechte und Interessen im Friedensvertrag, 2. Aufl. (vgl. Nr. 83)
103. Der Friedensvertrag von Versailles zum Gebrauch vor Gerichten, insbesondere dem Gemischten Schiedsgericht, Mannheim: J. Bensheimer 1921. 188, 93 S.
104. Die Lage der deutschen Patente in den früher feindlichen Staaten, Berlin: Franz Vahlen 1921. 52 S.
105. Die Reform des juristischen Studiums, in: LZ, 15. Jg., S. 212 - 216
106. Das Weiterbenutzungsrecht an erloschenen und später verlängerten Patenten, in: GRUR, 26. Jg., S. 61 - 62
107. Die deutschen Schutzrechte in Danzig, in: GRUR, 26. Jg., S. 177 - 178
108. Fristen im Verhältnis zu Amerika, in: GRUR, 26. Jg., S. 180
109. Die Berechnung der Fristen im Versailler Vertrag, in: Auslandsrecht, 1. Jg., S. 117
110. Deutsche Guthaben in englischen Dominions, in: Auslandsrecht, 1. Jg., S. 147
111. Zur Rechtsprechung des deutsch-französischen Schiedsgerichts, in: JW, 50. Jg., S. 721 - 723
112. Die wirtschaftlichen Bestimmungen des Versailler Vertrages nach der französischen Auffassung, in: JW, 50. Jg., S. 1398

1922:

113. Die Vereinigten Staaten und die Rückgabe des deutschen Eigentums, in: Auslandsrecht, 2. Jg., S. 245
114. Die Behandlung der deutschen Patentanmeldungen in England, in: Auslandsrecht, 2. Jg., S. 255
115. Die Erschütterung des Unionsgedankens, in: GRUR, 27. Jg., S. 29 - 32
116. Die Lage der deutschen Patentrechte in den Vereinigten Staaten, in: Chemische Industrie, 45. Jg., S. 196 u. 210
117. Das deutsch-amerikanische Schiedsgericht, in: Deutsche Wirtschaftszeitung, 19. Jg., S. 284
118. Der Begriff des „Allgemeininteresses" in Artikel 199 B des Versailler Vertrages, in: Friedensvertrag, 2. Jg., S. 25

1923:

119. Die privaten Rechte und Interessen im Friedensvertrag, 3. Aufl. (vgl. Nr. 83)
120. Die Patentgemeinschaft im Dienst des Kartellgedankens, Abhandlungen

zum Kartellrecht und zur Kartellpolitik, Heft 3, Mannheim: J. Bensheimer 1923. 52 S.
121. Handelsgesellschaft und Partnership im Ausgleichsverfahren. Abhandlungen zum Friedensvertrag, 3. Heft, Berlin: Franz Vahlen 1923. 127 S.
122. Das französische Vorgehen gegen Patente von Deutschen, in: GRUR, 28. Jg., S. 14 - 16
123. Die britische Reichs-Patent-Konferenz, in: GRUR, 28. Jg., S. 39 - 40
124. Die derzeitige Lage der deutschen Patente in Amerika, in: GRUR, 28. Jg., S. 86 - 92
125. Die Bedeutung der Panamerikanischen Union für deutsche Warenzeichen, in: GRUR, 28. Jg., S. 99
126. Die Wiedereinsetzung in den vorigen Stand im Patentwesen, in: GRUR, 28. Jg., S. 121
127. Die Entschädigung wegen französischer und englischer Eingriffe in Patente deutscher Reichsangehöriger, in: GRUR, 28. Jg., S. 193
128. Meistbegünstigungs- und Gleichberechtigungsklauseln im internationalen Recht, in: Zeitschrift für Völkerrecht, 12. Jg., S. 276
129. Die rechtliche Wirkung englischer Handelslizenzen, in: Zeitschrift für Völkerrecht, 12. Jg., S. 460
130. Die Friedensregelung der Patentrechte in den Vereinigten Staaten, in: Auslandsrecht, 3. Jg., S. 17
131. Das Schicksal des deutschen Eigentums in Amerika, in: Deutsche Wirtschaftszeitung, 19. Jg., S. 284
132. Zur Rechtsprechung des deutsch-englischen Schiedsgerichts im Ausgleichsverfahren, in: Bankarchiv, 23. Jg., S. 253
133. Der Sachverständigenbeweis, in: LZ, 17. Jg., S. 385

1924:
134. Die Isolierung des deutschen Rechtsdenkens, Ein Vortrag, gehalten in der „Juristischen Gesellschaft" zu Berlin am 8. Dezember 1923, Berlin: Franz Vahlen 1924. 54 S.
135. Vollmacht und Verfügung, in: AcP, Bd. 122, S. 195 - 202
136. Fragen der Patentgemeinschaft, in: GRUR, 29. Jg., S. 25 - 27
137. Neuheitsschädlichkeit populärer Plaudereien, in: GRUR, 29. Jg., S. 42
138. Die Mixed claims commission in Washington, in: JW, 53. Jg., S. 606 - 608
139. Die Zuständigkeit der gemischten Schiedsgerichte, in: JW, 53. Jg., S. 596 bis 597
140. Die Stellung der Privatpersonen im Völkerrecht, in: JW, 53. Jg., S. 1317 bis 1318

1925:
141. Die dialektische Patentauslegung, in: GRUR, 30. Jg., S. 32 - 36
142. Besprechung von: Müller-Liebenau, Das Wesen der Erfindung, in: GRUR, 30. Jg., S. 49 - 53
143. Fragen der gemeinsamen Ausbeutung von Erfindungen, in: GRUR, 30. Jg., S. 171 - 172
144. Die neue Richtung in der Rechtsprechung des Reichsgerichts, in: GRUR, 30. Jg., S. 291 - 294

145. Die geschichtliche Entwicklung der Patentauslegung, in: Mitt., 25. Jg., S. 54
146. Rechtsanwaltschaft und Patentanwaltschaft, in: JW, 54. Jg., S. 1362

1926:

147. Der Nachbau ungeschützter Maschinen, in: Festgabe der Rechtsanwaltschaft des Kammergerichts für den Geheimen Justizrat Max Fuchs zum 18. Januar 1926. Berlin: Franz Vahlen 1926
148. Patentgesetz und Gesetz, betreffend den Schutz von Gebrauchsmustern, 4. Aufl. (vgl. Nr. 13)
149. Der Nachbau patentfreier Maschinen, in: GRUR, 31. Jg., S. 83 - 86
150. Zur Frage des Ausstattungsschutzes für Formen der Ware, in: GRUR, 31. Jg., S. 449 - 452
151. Die Gewerbsmäßigkeit als Tatbestandselement der Patentverletzung, in: GRUR, 31. Jg., S. 549 - 551
152. Die Denkschrift der Essener Handelskammer über die Ausbildung auf dem Gebiete des gewerblichen Rechtsschutzes, in: Mitt., 26. Jg., S. 79
153. Deutsche Patente in Ost-Oberschlesien, in: Oberschlesische Wirtschaft, 1. Jg., S. 13

1927:

154. Die Funktion der Patente im Wirtschaftskampf, Vortrag, gehalten auf der Hauptversammlung des Deutschen Vereins für den Schutz des gewerblichen Eigentums in München am 28. Mai 1927, Berlin: Franz Vahlen 1927. 50 S.
155. Die Formulierung der Patentverletzung, in: GRUR, 32. Jg., S. 18 - 23
156. Die Erstattungsfähigkeit der Gebühren des Patentanwalts, in: GRUR, 32. Jg., S. 321 - 323
157. Zur Frage des Vorbenutzungsrechts, in: GRUR, 32. Jg., S. 609
158. Formalismus in der Rechtsprechung über unlauteren Wettbewerb, in: GRUR, 32. Jg., S. 863 - 868
159. Die Auslegung der Patente, in: Deutsche Juristenzeitung, 32. Jg., S. 377
160. Erwiderung, in: ARWP, Bd. 5, S. 423

1928:

161. Der Einwand der Nichtigkeit im Verletzungsprozeß, in: GRUR, 33. Jg., S. 1 - 2
162. Die Gefährdung des gewerblichen Rechtsschutzes durch die Anwendung des § 1 UWG, in: GRUR, 33. Jg., S. 71 - 81
163. Der Kampf um § 1 UWG, in: GRUR, 33. Jg., S. 245 - 251
164. § 1 UWG und die Sondergesetze des gewerblichen Rechtsschutzes, in: GRUR, 33. Jg., S. 421 - 428
165. Zur Frage des der Weltmarke und des Warenzeichenausschusses der I.L.A., in: GRUR, 33. Jg., S. 629 - 632
166. Zur Frage der Erfüllung von Abstimmungsverträgen, in: LZ, 22. Jg., S. 1295 - 1301
167. Zur Frage des Ausschlusses der Anwälte von den Arbeitsgerichten I. Instanz, in: Berliner Anwaltsblatt, 2. Jg., S. 8

1929:

168. Rechtsnorm und Entscheidung, Berlin: Franz Vahlen 1929. XIX, 380 S. (Neudruck: Aalen: Scientia 1970)
169. Die Selbständigkeit des Rechts an der Marke. Zugleich ein Beitrag zur Frage der Konzernzeichen, Berlin: Verlag Chemie 1929. 83 S.
170. Die Selbständigkeit des Rechts an der Marke, in: GRUR, 34. Jg., S. 23 - 42
171. Zur Frage der freien Übertragbarkeit der Marke, in: GRUR, 34. Jg., S. 412 - 413
172. Der Begriff der „Voraussetzung" im Patentrecht, in: GRUR, 34. Jg., S. 957 - 962
173. Der Verrat von Geschäftsgeheimnissen, in: GRUR, 34. Jg., S. 1243 - 1246
174. Besprechung von: Walter Erman, Wissenschaftliches Eigentum, Marburg 1929, in: ARWP, Bd. 23, S. 232 - 235

1930:

175. Die Bedeutung der Patentauslegung für das Patenterteilungsverfahren, in: Patentrechtliche Fragen, Berlin: Carl Heymann 1930, S. 1 - 3
176. Die Verwertung der Begriffe des „Statischen" und „Dynamischen" in der Rechtswissenschaft, in: GRUR, 35. Jg., S. 106 - 111
177. Die Wirkung vertraglicher Schranken des Lizenzrechts, in: GRUR, 35. Jg., S. 374 - 382
178. Zur Frage des Ausschlusses der Anwälte von den Arbeitsgerichten I. Instanz, in: Berliner Anwaltsblatt, 4. Jg., S. 184

1931:

179. Patentgesetz und Gesetz, betreffend den Schutz von Gebrauchsmustern, 5. Aufl. (vgl. Nr. 13)
180. Der Kampf um die wissenschaftlichen Grundlagen der Patentanwaltschaft, Berlin: Carl Heymann 1931. 31 S.
181. Der Kampf um die Grundlagen der Patentanwaltschaft, in: Mitt., 31. Jg., S. 209
182. Die dritte Instanz im Erteilungsverfahren, in: GRUR, 36. Jg., S. 1202 bis 1206
183. Zur Geschichte der Trierer Fischerinnung, in: Trierische Heimat 1931, S. 39

1932:

184. Patentgesetz und Gesetz, betreffend den Schutz von Gebrauchsmustern, 6. Aufl. (vgl. Nr. 13)
185. Zur Frage der Einheitlichkeit der Anmeldung, in: GRUR, 37. Jg., S. 217 - 221
186. Kritisches zur jüngsten Rechtsprechung des Reichsgerichts in Patentsachen, in: GRUR, 37. Jg., S. 515 - 527
187. Die Schranken des Beschwerdeverfahrens in Patentsachen, in: GRUR, 37. Jg., S. 823 - 827
188. Lizenzverträge im Falle der Fusion, in: GRUR, 37. Jg., S. 903 - 907
189. Die Zurücknahme der Beschwerde des Einsprechenden nach der Entscheidung des Großen Senats, in: GRUR, 37. Jg., S. 1139 - 1146

190. Zur Kritik der reichsgerichtlichen Rechtsprechung, in: MuW, 32. Jg., S. 411
191. Die Vollstreckung von Urteilen auf Vorlegung von Urkunden, in: JW, 61. Jg., S. 153
192. Die Zulässigkeit von Suggestivfragen, in: Berliner Anwaltsblatt, 6. Jg., S. 113
193. Besprechung von: Rudolf Reinhardt, Das Persönlichkeitsrecht in der geltenden Rechtsordnung, Mannheim 1931, in: ARWP Bd. 25, S. 367 ff.

1933:
194. Das Rechtsgut des Wettbewerbsrechts. Zugleich ein Beitrag zur Lehre vom subjektiven Recht und von der Normbildung, Berlin: Franz Vahlen 1933. 67 S.
195. Wirtschaftskrise und gewerblicher Rechtsschutz. Vortrag, gehalten auf der Vereinsversammlung des Deutschen Vereins für den Schutz des gewerblichen Eigentums in Frankfurt am 18. November 1932, Berlin: Franz Vahlen 1933. 38 S.
196. Die Auslegung der schweizerischen Erfindungspatente, Zürich: Schulthess 1933. VII, 52 S.
197. Die Methode der Interessenjurisprudenz, in: AcP 137. Bd., S. 33 - 46
198. Die Bedeutung der Form im Recht, in: ARSP, 27. Bd., S. 44 - 52
199. Die Verurteilung zum Widerruf, in: GRUR, 38. Jg., S. 1 - 5
200. Patente ohne Erfindungsgedanke und ihre Behandlung, in: GRUR, 38. Jg., S. 97 - 103
201. Der Entwurf der neuen ZPO und der gewerbliche Rechtsschutz, in: GRUR, 38. Jg., S. 188 - 195
202. Gegenstand der Erfindung und Schutzumfang des Patents, in: MuW, 33. Jg., S. 391 - 393

1934:
203. Starker oder schwacher Erfindungsschutz, Zürich: Schulthess 1934. 32 S.
204. Beiträge zur Änderung des Patentgesetzes, in: MuW, 34. Jg., S. 41 - 46
205. Die patentrechtliche Behandlung der elektrischen Schaltungen, in: MuW, 34. Jg., S. 148 - 151
206. Patentamt und Reichsgericht, in: MuW, 34. Jg., S. 221 - 225
207. Die Wahrheitspflicht im Patentverletzungsprozeß, in: MuW, 34. Jg., S. 439
208. Die Kombinationserfindung, in: Ingenieur-Zeitschrift, 14. Jg., S. 58

1935:
209. Interessenjurisprudenz und Patentrecht, in: MuW, 35. Jg., S. 122 - 125

1936:
210. Das neue deutsche Patentgesetz, in: Rundschau für technische Arbeit, 16. Jg., S. 11

1937:
211. Hermann Isay — René Mettetal (Herausgeber): Internationales Wettbewerbsrecht Bd. I: Europa, Zürich—Leipzig: Verlag für Recht und Gesellschaft 1937

II. Rezensionen zu Werken Hermann Isays

Die Willenserklärung im Tatbestand des Rechtsgeschäfts (Nr. 7)

212. *Coermann,* Centralblatt für Rechtswissenschaft, 18. Bd. (1899), S. 247 bis 275
213. *Danz,* Kritische Vierteljahresschrift, 42. Bd. (1900), S. 25 - 37
214. *Eccius,* Gruchots Beiträge, 44. Jg. (1900), S. 517 - 518

Die Geschäftsführung (Nr. 8)

215. *Eccius,* Gruchots Beiträge, 45. Jg. (1901), S. 442 - 443
216. *Leonard,* Kritische Vierteljahresschrift, 44. Bd. (1903), S. 404 - 429
217. *Schneider,* Centralblatt für Rechtswissenschaft, 20. Bd. (1901), S. 239 bis 240

Rechtsgeschäft und wirtschaftliche Machtverschiedenheit (Nr. 9)

218. *Boethke,* Gruchots Beiträge, 47. Jg. (1903), S. 452
219. *Roedenbeck,* Centralblatt für Rechtswissenschaft, 21. Bd. (1902), S. 300
220. *Schmaltz,* Mecklenburgische Zeitschrift für Rechtspflege, 21. Bd. (1902/03), S. 86

Patentgesetz (Nr. 13)

Zur 1. Aufl.:

221. *Fleischmann,* Eisenbahnrechtliche Entscheidungen und Abhandlungen, 20. Bd. (1904), S. 378
222. *Jeß,* Gruchots Beiträge, 48. Jg. (1904), S. 176 - 178
223. *Katz,* Chemische Zeitschrift, 3. Jg. (1904), S. 499
224. *Katz,* ZHR, 56. Bd. (1905), S. 287 - 294
225. *Kohler,* Juristisches Literaturblatt, 1905, Nr. 6
226. *Magnus,* JW, 1904, S. 79 - 80
227. *v. Pestalozza,* Der Gerichtssaal, 68. Bd. (1906), S. 477
228. *Sievers,* Das Recht, 1903, S. 610

Zur 2. Aufl.:

229. *Adler,* Juristische Vierteljahresschrift, 44. Bd. (1912), S. 44
230. *Düringer,* LZ 1912, S. 496
231. *Ganz,* DJZ 1912, S. 354
232. *Kloeppel,* Zeitschrift für angewandte Chemie, 24. Jg. (1911), S. 1818
233. *Pinzger,* Das Recht 1911, S. 767
234. *Rathenau,* Technisches Gemeindeblatt, 14. Jg. (1911), S. 229
235. *Schanze,* Juristisches Literaturblatt, 1911, S. 204 - 206
236. *Seligsohn,* JW 1912, S. 436
237. *Sievers,* Gruchots Beiträge, 56. Jg. (1912), S. 400
238. *Wassermann,* MuW, 11. Jg. (1911/12), S. 24

Zur 3. Aufl.:
239. *Adler*, ZHR 85. Bd. (1921), S. 491 - 500
240. *Magnus*, JW 1921, S. 1517
241. *Neubauer*, Technik und Wirtschaft, 14. Jg. (1921), S. 193
242. *Osterrieth*, GRUR 1921, S. 191
243. *Pinzger*, Vossische Zeitung v. 23. 9. 1921
244. *Wedell*, Stahl und Eisen, 1922, S. 1510
245. *Wirth*, Mitt. 1920, S. 102

Zur 4. Aufl.:
246. *Auerbach*, Chemische Apparatur, 13. Jg. (1926), S. 256
247. *Endemann*, JW 1927, S. 86 - 89
248. *Fertig*, Zeitschrift f. angewandte Chemie, 39. Jg. (1926), S. 1479
249. *Fischer*, MuW, 25. Jg. (1925/26), S. 286 - 288
250. *Herzfeld*, Elektrotechnische Zeitschrift, 47. Jg. (1926), S. 1534
251. *Lutter*, DJZ 1928, S. 391
252. *Neubauer*, Technik und Wirtschaft, 19. Jg. (1926), S. 263
253. *Smoschewer*, Juristische Rundschau 1926, S. 598 - 599
254. *Wertheimer*, LZ 1926, Sp. 1222

Zur 5. und 6. Aufl.:
255. *Blum*, Kartell-Rundschau, 29. Jg. (1931), S. 788
256. *Drescher*, MuW 1931, S. 504
257. *Drescher*, MuW 1932, S. 431
258. *Herzfeld*, Elektrotechnische Zeitschrift, 52. Jg. (1931), S. 1427
259. *Jacobi*, GRUR 1931, S. 1315
260. *Lutter*, DJZ 1933, S. 242
261. *Magnus*, JW 1931, S. 1871
262. *Mintz*, GRUR 1932, S. 819
263. *Pinzger*, DRiZ 1931, S. 1871
264. *Pinzger*, DRiZ 1932, S. 351
265. *Schnell*, Zeitschrift f. angewandte Chemie, 44. Jg. (1931), S. 950
266. *Wertheimer*, LZ 1932, Sp. 60

Der Patentanspruch (Nr. 53)

267. *Adler*, ZHR, 74. Bd. (1913), S. 219 - 223
268. *Kloeppel*, Juristisches Literaturblatt, 1913, S. 14
269. *Kloeppel*, Zeitschrift f. angewandte Chemie, 26. Jg. (1913), S. 70
270. *Schanze*, MuW, 11. Jg. (1911/12), S. 452

Die zivilistischen Grundlagen der Patentverwaltung (Nr. 54)

271. *Boas*, Zeitschrift d. Vereins Deutscher Ingenieure, 59. Jg. (1915), S. 612
272. *Fertig*, Zeitschrift f. angewandte Chemie, 26. Jg. (1913), S. 306
273. *Lang*, Zeitschrift d. Verbands Deutscher Diplomingenieure, 6. Jg. (1915), S. 122

274. *Lothholz*, DJZ 1913, S. 986
275. *Pinzger*, MuW, 12. Jg. (1912/13), S. 423

Das Erfinderrecht im vorläufigen Entwurf des Patentgesetzes (Nr. 67)

276. *Tröchtling*, Stahl und Eisen, 1914, S. 1198
277. *Kloeppel*, Zeitschrift f. angewandte Chemie, 27. Jg. (1914), S. 179
278. *Pinzger*, MuW, 13. Jg. (1913/14), S. 276

Das juristische Denken und seine Bedeutung für die Erziehung des Technikers (Nr. 82)

279. *Dietze*, Dinglers polytechnisches Journal, 101. Jg. (1920), S. 38
280. *Schmaltz*, Technik und Wirtschaft, 13. Jg. (1920), S. 207
281. *Weihe*, Elektrotechnische Zeitschrift, 41. Jg. (1920), S. 198

Die privaten Rechte und Interessen im Friedensvertrag (Nr. 83)

Zur 1. Aufl.:
282. *Beer*, JW 1919, S. 309
283. *Bovensiepen*, Sächsisches Archiv f. Rechtspflege, Bd. 15 (1920), S. 173
284. *Dochow*, Deutsche Wirtschaftszeitung, 17. Jg., S. 269
285. *Lübeck*, Technik und Wirtschaft, 13. Jg. (1920), S. 252
286. *Schlichting*, GRUR 1920, S. 36
287. *Seligsohn*, GRUR 1919, S. 252
288. *Strupp*, LZ 1920, S. 542

Zur 2. Aufl.:
289. *Ephraim*, Die chemische Industrie, 44. Jg. (1921), S. 391
290. *Flad*, Gruchots Beiträge, 66. Jg. (1923), S. 125
291. *Heilberg*, Zeitschrift f. Völkerrecht, 12. Bd. (1923), S. 382
292. *Herzfeld*, Elektrotechnische Zeitschrift, 43. Jg. (1922), S. 566
293. *Neubauer*, Technik und Wirtschaft, 15. Jg. (1922), S. 125
294. *Schlichting*, Mitt. 1921, S. 151
295. *E. Wolff*, JW 1921, S. 1432
296. *Wertheimer*, LZ 1922, S. 533

Zur 3. Aufl.:
297. *Dreyer*, Zeitschrift f. Völkerrecht, 13. Bd. (1926), S. 144
298. *Dölle*, Gruchots Beiträge, 67. Jg., S. 347
299. *Heitberg*, JW 1924, S. 645
300. *Held*, Weltwirtschafts-Archiv, 20. Bd. (1924), S. 358
301. *Kohler*, ARWP, 18. Bd. (1924), S. 596
302. *Meyer*, Elektrotechnische Zeitschrift, 45. Jg. (1924), S. 226
303. *Mittelstein*, Hanseatische Rechtszeitschrift, 7. Jg. (1924), S. 79
304. *Rabel*, Zeitschrift für Zivil- und Prozeßrecht, 13. Jg. (1924), S. 121 - 125

Allgemeines Berggesetz. 2 Bde. (Nr. 84 u. 93)

305. *Frankel,* ZHR, 85. Bd. (1921), S. 489
306. *Guttmann,* Stahl und Eisen, 40. Jg. (1920), S. 71 (zu Bd. 1)
307. *Guttmann,* Stahl und Eisen, 41. Jg. (1921), S. 211 (zu Bd. 2)
308. *Hachenberger,* Eisenbahn- und verkehrsrechtliche Entscheidungen und Abhandlungen, 37. Bd. (1920), S. 92
309. *Heilberg,* LZ 1920, S. 358 (zu Bd. 1)
310. *Heilberg,* LZ 1921, S. 40 (zu Bd. 2)
311. *Müller-Erbach,* Rheinische Zeitschrift für Zivil- und Prozeßrecht, 11. Jg. (1922), S. 192 - 197
312. *Reuss,* Gruchots Beiträge, 64. Jg. (1920), S. 504 - 505
313. *Schlüter,* Glückauf 1920, S. 682
314. *Wertheimer,* Bankarchiv, 20. Jg. (1921 / 22), S. 44

*Die Lage der deutschen Patente
in den früher feindlichen Staaten (Nr. 104)*

315. *Geisler,* Elektrotechnische Zeitschrift, 42. Jg. (1921), S. 478
316. *Pietzger,* Gruchots Beiträge, 65. Jg. (1921), S. 374
317. *Pinzger,* MuW, 20. Jg. (1920/21), S. 68
318. *Wertheimer,* Deutsche Wirtschaftszeitung, 17. Jg., S. 396
319. *Wirth,* Mitt. 1921, S. 16

*Die Patentgemeinschaft im
Dienste des Kartellgedankens (Nr. 120)*

320. *Flechtheim,* JW 1924, S. 146
321. *Seligsohn,* GRUR 1923, S. 176

Die Isolierung des Deutschen Rechtsdenkens (Nr. 134)

322. *Kantter,* Der Gerichtssaal, 95. Bd. (1927), S. 478 - 479
323. *Klein,* ARWP, 18. Bd. (1925), S. 109
324. *Mittelstein,* Hanseatische Rechtszeitschrift, 7. Jg. (1924), S. 360
325. *Rümelin,* AcP, Bd. 125 (1926), S. 222 - 226
326. *O. Simon,* JW 1924, S. 643, 653
327. *Stier-Somlo,* Archiv f. öffentliches Recht, 50. Bd. (1926), S. 136 - 139

Die Funktion der Patente im Wirtschaftskampf (Nr. 154)

328. *Fischer,* MuW, 27. Jg. (1927/28), S. 34
329. *Spier,* GRUR 1928, S. 149
330. *Wertheimer,* LZ 1927, S. 1366

Rechtsnorm und Entscheidung (Nr. 168)

331. *Baumbach.* DJZ 1931, S. 580

332. *Bendix*, in: Zur Psychologie der Urteilstätigkeit des Berufsrichters, Berlin 1968, S. 391 - 400
333. *Edlin*, Schweizer Juristen-Zeitung 1929, S. 106 - 107
334. *Fischer*, MuW 1930, S. 622
335. *Geiler*, ARWP, Bd. 24 (1929/30), S. 545 - 569
336. *Herrfahrdt*, DRiZ 1929, S. 302
337. *Herrmann*, Verwaltungs-Blatt 1932, S. 879
338. *Kollross*, Gerichtszeitung (Wien), 82. Jg. (1931), S. 238
339. *Landenberger*, Mitt. 1930, S. 18
340. *Levin*, ZZP, 55. Bd. (1930), S. 496 - 501
341. *E. Müller*, Mitt. 1930, S. 118
342. *Neuner*, Zentralblatt für Handelsrecht, 5. Jg. (1930), S. 25 ff.
343. *Niemeyer*, Zeitschrift f. internationales Recht, 42. Bd. (1932), S. 473
344. *Reichert*, DRiZ 1930, S. 358
345. *Schönfeld*, AcP, Bd. 134 (1931), S. 99 - 102
346. *Schreier*, Zeitschrift f. öffentliches Recht, Bd. 11 (1931), S. 629 - 633
347. *Smoschewer*, GRUR 1929, S. 1265 - 1273
348. *Walz*, Gerichtssaal, 101. Bd. (1932), S. 332 - 337
349. *Wertheimer*, LZ 1929, Sp. 1494
350. *Wiernzowski*, JW 1930, S. 44 - 47

Die Selbständigkeit des Rechts an der Marke (Nr. 169)

351. *Landenberger*, Mitt. 1929, S. 97
352. *Meissner*, Technik und gewerblicher Rechtsschutz 1929, S. 82
353. *Seligsohn*, ZHR, 95. Bd. (1930), S. 122 - 123
354. *Wimpfheimer*, Berliner Anwaltsblatt, 6. Jg. (1932), S. 173

Der Kampf um die wissenschaftlichen
Grundlagen der Patentanwaltschaft (Nr. 180)

355. *Kolbe*, Zeitschrift f. angewandte Chemie, 44. Jg. (1931), S. 675
356. *Stern*, Mitt. 1931, S. 206
357. *Zeller*, LZ 1932, S. 1184

Das Rechtsgut des Wettbewerbsrechts (Nr. 194)

358. *Bussmann*, Hanseatische Rechtszeitschrift 1933, S. 329
359. *Callmann*, MuW 1933, S. 161
360. *Heck*, AcP, 137. Bd. (1933), S. 95 - 98
361. *Herse*, Die Chemische Apparatur, 20. Jg. (1933), S. 90
362. *Wertheimer*, LZ 1933, S. 474

Wirtschaftskrise und gewerblicher Rechtsschutz (Nr. 195)

363. *Bussmann*, MuW 1933, S. 432
364. *Cahn I*, LZ 1933, S. 876

Die Auslegung der schweizerischen Erfindungspatente (Nr. 196)
365. *Schoenberger,* Schweizer Juristen-Zeitung, 30. Jg. (1933/34, S. 222

Starker oder schwacher Erfindungsschutz (Nr. 203)
366. *Cahn I,* MuW 1934, S. 475 - 476
367. *Schoenberg,* Schweizer Juristen-Zeitung, 31. Jg. (1934/35), S. 125 - 127

Literaturverzeichnis

Arbeitsgruppe Justizforschung: Sitzungsbericht der Arbeitsgruppe Justizforschung, in: Verhandlungen des neunundvierzigsten Deutschen Juristentages, II. Band, Teil R

Ballerstedt, Kurt: Rudolf Isay, Bonn 1957

Bauer, Wolfram: Wertrelativismus und Wertbestimmtheit im Kampf um die Weimarer Demokratie, Berlin 1968

Bendix, Ludwig: Zur Psychologie der Urteilstätigkeit des Berufsrichters und anderen Schriften, mit einem Vorwort von Manfred Weiss, Berlin 1968

Benkhard, Georg: Patentgesetz, Gebrauchsmustergesetz, 6. Aufl., München 1973

Boehmer, Gustav: Grundlagen der bürgerlichen Rechtsordnung, Zweites Buch, Erste Abteilung, Tübingen 1951

Bohne, Gotthold: Zur Psychologie der richterlichen Überzeugungsbildung, Köln 1948

Bracher, Karl Dietrich: Die Auflösung der Weimarer Republik. Eine Studie zum Problem des Machtverfalls in der Demokratie, 3. Aufl., Villingen 1960

Brinkmann, Karl: Lehrbuch der Rechtsphilosophie, Bd. 1, Bonn 1960

Brüggemann, Jürgen: Die richterliche Begründungspflicht, Berlin 1971

Brusiin, Otto: Über die Objektivität der Rechtsprechung, Helsinki 1949

Coing, Helmut: Die obersten Grundsätze des Rechts, Versuch zur Neugründung des Naturrechts, Heidelberg 1947

— Neue Strömungen in der nordamerikanischen Rechtsphilosophie, in: Archiv für Rechts- und Sozialphilosophie, Bd. 38 (1949 - 1950), S. 536 - 576

— Grundzüge der Rechtsphilosophie, Berlin, 1. Aufl. 1950, 2. Aufl. 1969.

Dahm, Georg: Verbrechen und Tatbestand, in: Grundfragen der neuen Rechtswissenschaft, Tübingen 1935, S. 63 ff.

Dnistrjanskyi, Stanislaus: Beiträge zur juristischen Methodologie, in: Archiv für die zivilistische Praxis, Bd. 141 (1935), S. 129 - 167

Ehrlich, Eugen: Freie Rechtsfindung und freie Rechtswissenschaft, Leipzig 1903

— Recht und Leben. Gesammelte Schriften zur Rechtstatsachenforschung und zur Freirechtslehre. Ausgewählt und eingeleitet von Manfred Rehbinder, Berlin 1967

Engisch, Karl: Die Idee der Konkretisierung in Recht und Rechtswissenschaft unserer Zeit, Heidelberg 1953

— Einführung in das juristische Denken, 4. Aufl., Stuttgart 1968

— Auf der Suche nach der Gerechtigkeit. Hauptthemen der Rechtsphilosophie, München 1971

Esser, Josef: Grundsatz und Norm in der richterlichen Fortbildung des Privatrechts, Tübingen 1956

Esser, Josef: Vorverständnis und Methodenwahl in der Rechtsfindung, Frankfurt/M. 1970

Forsthoff, Ernst: Recht und Sprache, Halle 1940

Fraenkel, Ernst: Zur Soziologie der Klassenjustiz, Berlin 1927

Frank, Hans: Die Juden in der Rechtswissenschaft, in: Deutsches Recht 1936, S. 394 f.

Franssen, Everhardt: Positivismus als juristische Strategie, in: Juristen-Zeitung 1969, S. 766 - 775

Friedmann, Wolfgang: Legal Theory, 2. Aufl., London 1949

Fuchs, Ernst: Richterkönigtum, Reichsgericht und Juristenausbildung, in: Justiz 1 (1925 - 26), S. 22 - 33

— Was will die Freirechtsschule, Rudolstadt 1929

— Gerechtigkeitswissenschaft. Ausgewählte Schriften zur Freirechtslehre, hrsg. v. A. S. Foulkes und A. Kaufmann, Karlsruhe 1965

Geiger, Theodor: Die Mittelstände im Zeichen des Nationalsozialismus, in: derselbe, Arbeiten zur Soziologie, Neuwied 1962, S. 335 - 353

Göppinger, Horst: Die Verfolgung der Juristen jüdischer Abstammung durch den Nationalsozialismus, Villingen 1963

Grünebaum, Siegfried: Deutsches Richterrecht, Leipzig 1932

Hannover, Heinrich, Elisabeth Hannover-Drück: Politische Justiz 1918 - 1933, Frankfurt/M. 1966

Hassemer, Winfried: Tatbestand und Typus. Untersuchungen zur strafrechtlichen Hermeneutik, Köln u. a. 1968

Heck, Philipp: Begriffsbildung und Interessenjurisprudenz, Tübingen 1932

— Die Leugnung der Interessenjurisprudenz durch Hermann Isay. Eine Erwiderung, in: Archiv für die zivilistische Praxis, Bd. 137 (1933), S. 47 bis 65

— Die Interessenjurisprudenz und ihre neuen Gegner, Tübingen 1936

Horvath, Barna: Rechtssoziologie, Berlin 1934 (Beiheft Nr. 28 zum Archiv für Rechts- und Sozialphilosophie)

Isay, Rudolf: Aus meinem Leben, Weinheim 1960

Ihering, Rudolf v.: Geist des römischen Rechts auf den verschiedenen Stufen seiner Entwicklung, 3. Teil, 1. Abt., 8. Aufl., 1954

Kanigs, Hanskarl: 25 Jahre Freirechtsbewegung, Erlangen 1932

Kantorowicz, Hermann: Der Kampf um die Rechtswissenschaft, Heidelberg 1906

— Die Contra-legem-Fabel, in: Deutsche Richter-Zeitung 1911, S. 258 - 263

— Aus der Vorgeschichte der Freirechtslehre, Mannheim 1925

— Rechtswissenschaft und Soziologie. Ausgewählte Schriften zur Wissenschaftslehre, Karlsruhe 1962

Kaufmann, Arthur: Rechtsphilosophie im Wandel, Frankfurt/M. 1972

Kaufmann, Erich: Die Gleichheit vor dem Gesetz im Sinne des Art. 109 der Reichsverfassung, in: Veröffentlichungen der Vereinigung der Deutschen Staatsrechtslehrer, Heft 3, Berlin, Leipzig 1927

Kaznelson, Siegmund (Hrsg.): Juden im deutschen Kulturbereich, 2. Aufl Berlin 1959

Koch, Hans-Joachim: Zur Analyse richterlicher Entscheidungen, Frankfurt/M. 1971

Das Kommunistische Manifest, Mit Vorreden von Karl Marx und Friedrich Engels, Hamburg 1946

Kriele, Martin: Theorie der Rechtsgewinnung, Berlin 1967

Larenz, Karl: Methodenlehre der Rechtswissenschaft, Berlin u. a., 1. Aufl. 1960; 2. Aufl. 1969

Lautmann, Rüdiger: Freie Rechtsfindung und Methodik der Rechtsanwendung, Würzburg 1967

— Justiz — die stille Gewalt, Frankfurt/M. 1972

Less, Günther: Vom Wesen und Wert des Richterrechts, Erlangen 1954

Lipset, Seymour Martin: Soziologie der Demokratie, Neuwied am Rhein 1962

Lombardi, Luigi: Geschichte des Freirechts, Frankfurt/M. 1971

Luhmann, Niklas: Recht und Automation in der öffentlichen Verwaltung, Berlin 1966

Lukács, Georg: Die Zerstörung der Vernunft. Der Weg des Irrationalismus von Schelling zu Hitler, Berlin 1954

Mann, Thomas: Deutsche Ansprache, ein Appell an die Vernunft (1930), in: derselbe, Werke Bd. XII, Frankfurt/M. 1960

Marschall von Bieberstein, Freiherr Fritz: Vom Kampf des Rechts gegen die Gesetze, Stuttgart 1927

Matz, Ulrich: Rechtsgefühl und objektive Werte. Ein Beitrag zur Kritik des wertethischen Naturrechts. München 1966

Meyer-Cording, Ulrich: Die Rechtsnormen, Tübingen 1971

Mintz, Maximilian (Hrsg.): Beiträge zum Recht am gewerblichen und geistigen Eigentum, Berlin 1933, (Hermann Isay zum 60. Geburtstag gewidmet)

Moench, Dietmar: Die methodologischen Bestrebungen der Freirechtsbewegung auf dem Wege zur Methodenlehre der Gegenwart, Frankfurt/M. 1971

Mohler, Armin: Die konservative Revolution in Deutschland 1918 - 1932. Grundriß ihrer Weltanschauung, Stuttgart 1950

Müllereisert, F. Arthur: Theorie des Rechts und der Rechtswissenschaft, 3 Bde., Lindau 1953

Neumann, Franz: Gegen ein Gesetz über Nachprüfung der Verfassungsmäßigkeit von Reichsgesetzen, in: Die Gesellschaft, Jg. 6 (1929) II, S. 517 ff.

— Der Funktionswandel des Gesetzes im Recht der bürgerlichen Gesellschaft, in: derselbe: Demokratischer und autoritärer Staat, Frankfurt/M., Wien 1967

Radbruch, Gustav: Der Mensch im Recht. Ausgewählte Vorträge und Aufsätze über Grundfragen des Rechts, 2. Aufl., Göttingen 1961

Rehbinder, Manfred: Die Begründung der Rechtssoziologie durch Eugen Ehrlich, Berlin 1967

Reimer, Eduard: Hermann Isay, Zum Andenken an seinen Todestag, den 21. März 1938, in: Gewerblicher Rechtsschutz und Urheberrecht 1948, S. 59

— Patentgesetz und Gesetz betreffend den Schutz von Gebrauchsmustern, Bd. I, II, Detmold 1949

— Äquivalenz, Erfindungsgegenstand, allgemeiner Erfindungsgedanke in Theorie und Praxis, in: Gewerblicher Rechtsschutz und Urheberrecht 1956, S. 387 - 404

Riebschläger, Klaus: Die Freirechtsbewegung. Zur Entwicklung einer soziologischen Rechtsschule, Berlin 1968

Riezler, Erwin: Das Rechtsgefühl, 2. Aufl., München 1946

Rottleuthner, Hubert: Richterliches Handeln. Zur Kritik der juristischen Dogmatik, Frankfurt/M. 1973

Rosenbaum, Wolf: Naturrecht und positives Recht. Rechtssoziologische Untersuchungen zum Einfluß der Naturrechtslehre auf die Rechtspraxis in Deutschland seit Beginn des 19. Jahrhunderts, Neuwied, Darmstadt 1972

Rupp, Hans Heinrich: Grundfragen der heutigen Verwaltungsrechtslehre, Tübingen 1965

Rüthers, Bernd: Die unbegrenzte Auslegung. Zum Wandel der Privatrechtsordnung im Nationalsozialismus, Tübingen 1968

Schmidt, Joachim: Das ‚Prinzipielle' in der Freirechts-Bewegung, Bonn 1968

Schmitt, Carl: Politische Theologie, München, Leipzig 1922

— Verfassungslehre, München, Leipzig 1928

— Staat, Bewegung, Volk, Hamburg 1933

— Kodifikation oder Novelle, Deutsche Juristen-Zeitung 1935, Sp. 919 ff.

Schwinge, Erich: Irrationalismus und Ganzheitsbetrachtung in der deutschen Rechtswissenschaft, Bonn 1938

— Der Jurist und sein Beruf, Heidelberg, Berlin, Bonn 1960

Seligsohn, Arnold: Patentgesetz und Gesetz betreffend den Schutz von Gebrauchsmustern, 7. Aufl., Berlin, Leipzig 1932

Sontheimer, Kurt: Antidemokratisches Denken in der Weimarer Republik. Die politischen Ideen des deutschen Nationalismus zwischen 1918 und 1933, 2. Aufl., München 1964

Starck, Christian: Der Gesetzesbegriff des Grundgesetzes, Baden-Baden 1970

Stegmüller, Wolfgang: Hauptströmungen der Gegenwartsphilosophie, 4. Aufl., Stuttgart 1969

Troller, Alois: Immaterialgüterrecht, Bd. I, 2. Aufl., Basel 1968

Venzlaff, Friedrich: Über die Schlüsselstellung des Rechtsgefühls bei der Gesetzesanwendung, Frankfurt/M. 1973

Weimar, Robert: Psychologische Strukturen richterlicher Entscheidung, Basel, Stuttgart 1969

Weiss, Manfred: Die Theorie der richterlichen Entscheidungstätigkeit in den Vereinigten Staaten von Amerika, Frankfurt/M. 1971

Wieacker, Franz: Privatrechtsgeschichte der Neuzeit, 2. Aufl., Göttingen 1967

— Gesetzesrecht und richterliche Kunstregel, in: Juristen-Zeitung 1957, S. 701 - 706

Wiethölter, Rudolf: Rechtswissenschaft, Frankfurt 1968

— Zur politischen Funktion des Rechts am eingerichteten und ausgeübten Gewerbebetrieb, in: Kritische Justiz 1970, S. 121 - 139

Würtenberger, Theodor: Wege zum Naturrecht in Deutschland 1946 - 1948, in: Archiv für Rechts- und Sozialphilosophie Bd. 38 (1949/50), S. 98 ff.

— Neue Stimmen zum Naturrecht in Deutschland 1948 - 1951, in: Archiv für Rechts- und Sozialphilosophie Bd. 40 (1952/53), S. 576 ff.

Zippelius, Reinhold: Wertungsprobleme im System der Grundrechte, München, Berlin 1962

MIX
Papier aus verantwortungsvollen Quellen
Paper from responsible sources
FSC® C105338

Printed by Libri Plureos GmbH
in Hamburg, Germany